みんなの

「わがまま」

入門

富永京子

立命館大学産業社会学部准教授

左右社

みんなの「わがまま」入門

3時間目
「わがまま」準備運動

5時間目　「わがまま」を「おせっかい」につなげよう

はじめに

この本は、「わがまま」というツールを使いながら、言いづらいことを言いやすくするための本、そしてそこから、社会や政治といった「遠い」ことがらを身近な視点から見ようとする本です。

でも、これを読んでいる多くの方は、なぜ「わがまま」について言ったり考えたりすると、社会や政治のことが身近に感じられるようになるのか？と思うでしょう。ここではそれについて、すこしだけ説明しようと思います。

私は、国や会社、学校に不平や不満を訴えて、人の意識のあり方や、その場のルールや制度を変えようとする行動、いわゆる「社会運動」と呼ばれる活動を研究しています。

具体的には、路上で主張をして歩く「デモ」、インターネットや紙で署名を集めて提出する「署名活動」、社会問題について勉強するシンポジウムや学習会もあれば、フェアトレード活動などもそれにあたるかもしれません。

そこで行われる主張には、たとえば子どもの貧困をなくそうとか、賃金を上げよう、就職や入試における性別による差別をなくそう、外国人労働者の待遇《たいぐう》をよくしよう、あるいは住んでいる地域でのマンション建設に反対しよう、といったさまざまなものがあります。こうした主張に基づく行動は、これまで多くの人々の意識を変え、法律などの制度を変えてきました。社会運動は、私たちが生きやすい社会をつくるために、絶対的に必要なものです。

ただ、現代の社会には、「社会運動が、なんとなくイヤ」という人が少なくありません。おそらくその根底にはふたつ理由があります。ひとつには、「政治的なことについて考えたり、話題にするのが、なんとなくイヤ」というもの。もうひとつには、「政治的なことについて考えるのはいいけど、社会運動（あるいは、社会運動をやっている人）そのものが、なんとなくイヤ」というものです。

「社会運動そのものが、なんとなくイヤ」という人にその理由を聞いたときに、社会運動が「わがまま」だから、と言われたことがあります。「わがまま」という言葉でなくても、「怖い」「中立じゃない」「自己満足だ」「クレーマーじゃないか」など、社会運動に対する批判というか、ネガティブな言葉は数多くあります。

社会運動の主張に賛同していたとしても、政治に対して批判したり、社会に広く自分の意見を伝えようとすると、それは「わがまま」だ、自分が悪い目に遭っているのは自己責任なんだから、それを社会のせいにするのはお門違《かどちが》いじゃないか、と言われる傾向が、今、私たちが生活する社会ではとても強いです。

とくに、中学生や高校生、大学生に社会運動のお話をすると、必ずこのような反応をいただきます。

おそらく、これを読んでいる学生のみなさんも、学校や部活、塾や予備校に対して不満や主張があったとしても、そんなに簡単に伝えられないのではないでしょうか。「みんながまんしているのに」「迷惑だからやめろ」といった形で「わがままなやつ」扱いされてしまうし、それで周囲から浮いたり友だちから変に思われるのも耐え難いことでしょう。

社会運動は「わがまま」だ。

じつは、その感情は、社会運動を研究している私にすら根強くあります。

私は社会運動をしている人に聞き取りをし、人々が社会運動を行う理由を分析するのが仕事です。10年間にわたって、世界中で、若い人にもお年寄りにも、一度だけ参加した人にも、もう何十年もやっているという人にも、ほんとうにたくさんの人にインタビューをしました。それでも、どうしても聞けなかった一言があります。

それは「なぜあなたは、『わがまま』と思われるのが怖くないのか？」という一言でした。もうすこし自分に引きつけて言うなら、「どうして私は、こんなにも多くの人と話をして、仲のいい友だちもできたのに、それでもまだ『わがまま』と思われるのが怖いのか？」というものでした。

社会運動をしている人は、「とにかくやってみよう」「声をあげてみよう」と言いますが、私は10年間、社会運動について「見てるだけ」の生活を続けながら、「それができないから困っているんだよ」という思いを抱いてきました。

じゃあ、何が私たちに社会運動を嫌わせ、社会や政治に対して声を上げ、「わがまま」

を言うことを妨《さまた》げているのでしょうか。「わがまま」をはじめとした社会運動に対する悪口の背景をひもとくことで、それを明らかにしようと考えたのが、この本です。

私は社会運動をしていないから、「社会運動をしていないのに研究しているのか」と言われることもしょっちゅうです。

でもどんなに批判されても、社会運動をする人々のそばを離れようとは片時も思いませんでした。なぜかというと、彼らと一緒にいればいるほど、自分には「遠い」と感じられていた政治的な事柄や社会の抱える問題が、身近になっていくのを感じたからです。一緒にご飯を食べるとき、割り箸を使わない。恋バナをしていても、自分や身近な人の恋人に対して「彼氏」や「彼女」といった言葉を使わない。なるべく深夜にはコンビニやファストフード店に行かない（それはどうして？と思われた方は、ぜひこの後を読み進めてください）……。

自分たちの生活で選ばれたり、使われたりしているものが、政治や社会といった、自分とは遠くて無関係に思えた世界とたしかにつながっていることがわかりました。彼らから学んだことを家や大学に持ち帰って、これも社会運動になるかな……と、自分の部屋や教室のなかで、家族や友だちと、自分の生活の範囲でおさまるような「わがまま」、言うなれば「プチ社会運動」を試すのが、何よりも楽しかったのです。

おそらく「社会運動が、なんとなくイヤ」と思いつつこの本を手にとった人のなかには、政治や社会をどこか「遠い」ものとして捉えている人も多いのではないでしょうか。納税や投票といった形で政治に関わっているはずの大人も、政治経済や社会科を学校で学んでいる学生も、それは同じだと思います。

でも、たしかに「政治」も「社会」もみなさんの足元に、恋人との間に、学校のなかにあるのです。あなたが学校の先生や職場の上司、同僚や友だちに対して感じている不満をひとつ想像してみてください。自分ではない特定の人がえこひいきされているように見えてモヤモヤするとか、会社や学校の理不尽なルールにイライラするとか……。

これらは、一見政治的でも社会的でもなく感じられるでしょう。

ただ、このような不満やモヤモヤに社会や政治が埋もれていることが、社会運動という「わがまま」について考えているうちにわかってきます。また、こうした不満に対して「わがまま」を言う、つまり不平を言ったり愚痴《ぐち》を言ったりすることが、何がしか社会に関わることであり、政治に働きかける「芽」をつくるものでもあるのです。

不平や不満を訴えることは、私たちの社会において、苦しみや痛みを一方的にだれかに押し付けないために、絶対必要なものです。

これまでも多くの「わがまま」が政治を変えることで、社会を生きやすい場所へとつくり変えてきました。じゃあ、どうすれば私たちは日々感じているモヤモヤやイライラを超えて、自分を解放し、だれかを助けられるような「わがまま」に優しくなることができ、「わがまま」を言えるようになるのでしょうか。

この本では、その手がかりをお伝えできたら、と思います。

ある中高一貫校での講演をきっかけに、この本を執筆しました。ですから本書のなかの「みなさん」は多くの場合、中学生や高校生に対する呼びかけです。また学生生活にちなんだたとえを多く取り上げています。とくに「わがまま」を言いづらい環境で生活しているだろう学生に読んでもらえれば、と思って書き進めたものですが、同じように感じている大人の方にも身近に思ってもらえれば、とても嬉しいです。

教科書に出てくる小説や評論文のように、じっくり読み進める必要はありません。話がふくらんだり、複雑になってきたら、各章末にある「ポイント」や、太字になっているところを読んで、わかった気になってもらっても全然かまいません。

4時間目と5時間目では、こっそり「わがまま」を言う方法、あるいはがっつり社会運動をするやり方を説明しています。もう社会に不満があって、今すぐに「わがまま」を言ってみたくてたまらないという人は、4時間目から読み進めてみてください。


この本では、「わがまま」を「自分あるいは他の人がよりよく生きるために、その場の制度やそこにいる人の認識を変えていく行動」として定義します。でもこの定義は別に忘れてもらっても構いません。

「わがまま」というと、「自己中（自己中心的）」「自分勝手」というイメージがありますが、社会運動の過程はとてもクリエイティブで、わくわくするようなこともたくさんあります。

自分がわくわくしながら不満を解消できて、同じような苦しみを抱いている他の人を助けられるなら最高じゃないでしょうか？

1時間目

私たちが「わがまま」言えない理由

わがまま＝自己中？

学校生活のなかで「あの子ずるいな」「あいつは自己中だな」と思うことはありませんか。「毎回授業に遅刻してきて、授業の進行が遅くなる」とか、「私はまじめに宿題をしているのに、なぜ私の宿題を写しているだけの人と、同じ点数なんだろう」とか……。

また、そういう他人に対する不公平感と同様に、自分をとりまく環境に対する不満や違和感もあるのではないかと思います。「授業の時間が長すぎる」とか、「存在する理由がわからない校則がやたら多い」とか。

でも、学校生活のなかで不公平感や違和感があっても、おそらくあなたはあまり大々的には言わず、がまんをすることのほうが多いのではないでしょうか。

もしかしたら、自分の違和感を大々的に表現したり、権利を主張する人のことを、「わがままだな」「空気読めよ」と思うこともあるし、素直に意見や不満を口に出す、そういう人もまたずるくて自己中だと感じてしまうかもしれませんね。少なくとも、私はそうでした。

だれかを「ずるい」と思うことも、不満や違和感を公《おおやけ》にする人に対して「わがまま」と感じることも、よくあることだと思います。

でも、不満を表に出す人に対して「あいつはわがままだ！」と片付けて、自分自身はがまんしてしまうことで、わたしたちの生活する場所が今よりもっと窮屈《きゅうくつ》で、苦しい場所になる可能性もある。がまんすることで、一時的に他人との衝突《しょうとつ》やモヤモヤをやり過ごせたかのように感じるかもしれませんが、じつは、それは自分の将来を縛《しば》っている行為でもあるのです。声を上げなかったせいで、未来の自分が好きなように振る舞えないのは、多分だれしもイヤですよね。

どうしたら、がまんせずに不満や違和感を口にすることで、ムカつく教室（やクソみたいな職場）をちょっとはマシなものにできるのでしょうか。このことを考えるために、もうすこし「わがまま」という行為について考えてみましょう。

そもそも、「ずるい」「あいつはわがままだ」という気持ちはどうして出てくるのでしょう。

「ずるい」というのは言い方を変えると、自分と他人が平等に扱われていないことを、理不尽に感じることです。みんな同じクラスに通っていて、同じ年齢で、同じような授業料を払って学校に来ている。だとしたら当然「平等」に扱われるべきなのに、そうなっていない。そう思うから、「ずるい」という気持ちがわき起こってくる。

一方、「あいつはわがまま（自己中）だ」というのは、周りのことを考えず、自分のしたいように行動している人を見て感じることです。何か不平等なことがあって、それに対して不満を述べている人を見ると、「みんな同じようにがまんしているのに」とか「みんな同じ環境にいるんだから同じようにするのが当たり前」と感じる。

こう考えると「わがまま」をネガティブに捉える感情も、「ずるい」とじつは同じところに根を持っています。つまり**「わがまま」も「ずるい」も、みんな一緒、平等である**

べきだという考えが元になってやってきます。

みんな平等にテストの点数で合否が決まるはずの入試に、一生けん命勉強して合格した人は、スポーツがうまいとか、一芸に秀でているとか、そういうことを評価されて入学してきた人を「ずるい」と感じるかもしれない。ただ、「それって平等じゃない。そういう入試、やめたほうがいいんじゃないですか」と大々的に言う人も、それはそれで「わがまま」に見えてきませんか。

でもそも、ほんとうに私たちって「みんな平等」なのでしょうか。このときにあなたの頭のなかにいる「みんな」は一体だれで、「みんな」はほんとうに「同じ」で「平等」であるかどうか。このことについて、まずは考えてみましょう。

日本が30人の教室だったら

みなさんが「みんな」といってはじめに思い浮かぶのはだれの顔でしょう。家族、仲のいい友だちなどいろいろな可能性がありますね。大人になれば会社の同僚とか、人によっては会ったことのない人をイメージする人もいるかもしれません。

日本が30人の教室だとしたら

じゃあその「みんな」の中身について、もうすこし踏み込んで考えてみましょう。多くの人は学校のクラスとか部活を考えるかもしれませんが、家族でも近所の人でも大丈夫ですし、ネット上の友だちやSNS上のフォロー、フォロワーでも構いません。

ここでは同じクラスの人を「みんな」として考えますね。もし、あなたが日本の公立校ないし私立校に通っているとすれば、同じクラスにいる人は、同じ年で、髪の色は黒色。日本で生まれ育って、日本国籍を持っている人がまだ多いかな。恋バナをするとしたら、だいたいかっこいい／かわいい異性の話になるでしょうか。血縁関係のある、いわゆる「親」に育てられて、いまもその保護下にある人が多いかもしれません。その親御さんは、お父さんとお母さんから成り立っていて、どちらか一方、あるいはどちらも働いている、という想定をする人が多いのではないでしょうか。

ここで、次のデータを見てください。これは、専門家や専門機関が集めた各種データから、その割合を30人のクラスに当てはめてみたものです。

・ひとり親世帯（母子のみ、父子のみの家庭）の人は2人（厚生労働省調査、2012年）
・発達障害の可能性がある人は2人（文部科学省による全国の公立小中学校調査、2012年）
・LGBTの人は3人（電通ダイバーシティ・ラボによる調査、2018年）
＊LGBTはレズビアン、ゲイ、バイセクシュアル、トランスジェンダーの頭文字を並べた略称
・貧困状態にある人は5人（厚生労働省調査、2013年）
＊「相対的貧困」の割合（「相対的貧困」については、3時間目121ページで詳しく説明しています）
・世帯年収1000万円以上の人は3人（総務省による全国消費実態調査、2014年）
・外国籍の人は1人（総務省、2018年）

ちょっと意外ではないですか。私は30人くらいの授業を持っていますが、これほど違いが隠れているとは感じていなかったので、改めて見てもびっくりする数字です。みなさんのクラスが実際にこうなっているわけではありませんが、ふだん同じように見えている**「クラスのみんな」は、すこし見方を変えれば、このくらい異質な人の集団である可能性があります。**

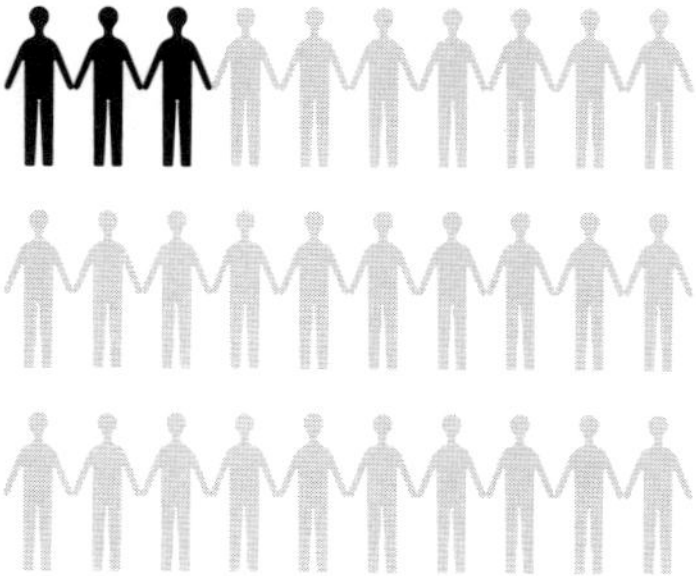

LGBTの人は3人

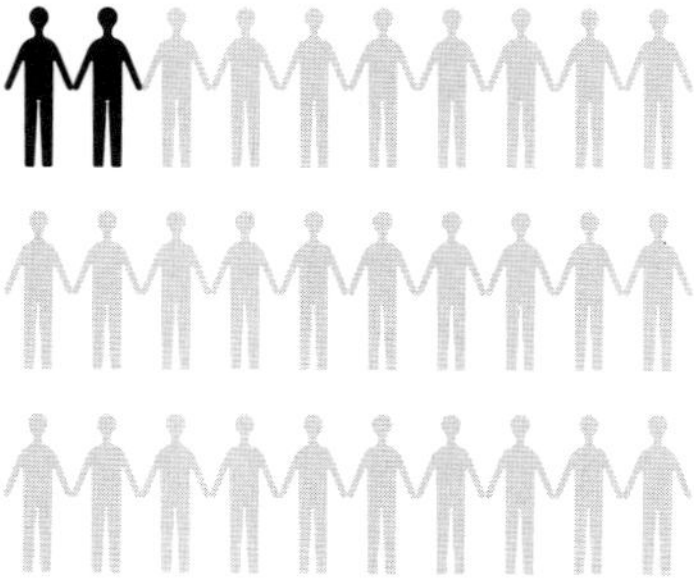

ひとり親世帯の人は2人

私たちはみんなと同じ、つまり「ふつう」であることにすごくこだわる。みんなと同じでないと怖いし、「浮いてる」「目立つ」ことが嫌いだという人も多いのではないでしょうか。私も中学、高校時代は学校ですごく浮いていて、学校に行かなかった時期もそれなりに長くありました。そのころはやっぱり「自分はどうすればふつうになれるんだろう」と思うことがすごく多かったです。

ただ、図を見ていただくとわかるように、ほんとうは「ふつう」に見えるなかにも違いが存在しているのです。

ここでもうひとつ学校の例を出しますが、たとえば、学校の制服がすごく高価

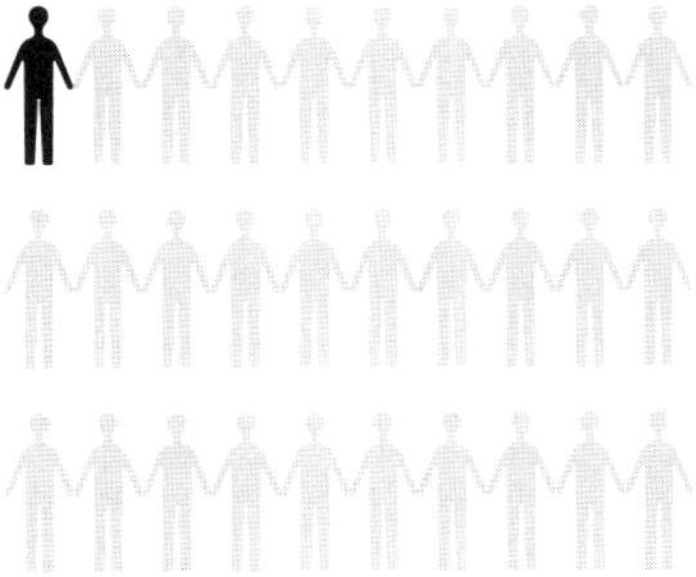

外国籍の人は1人

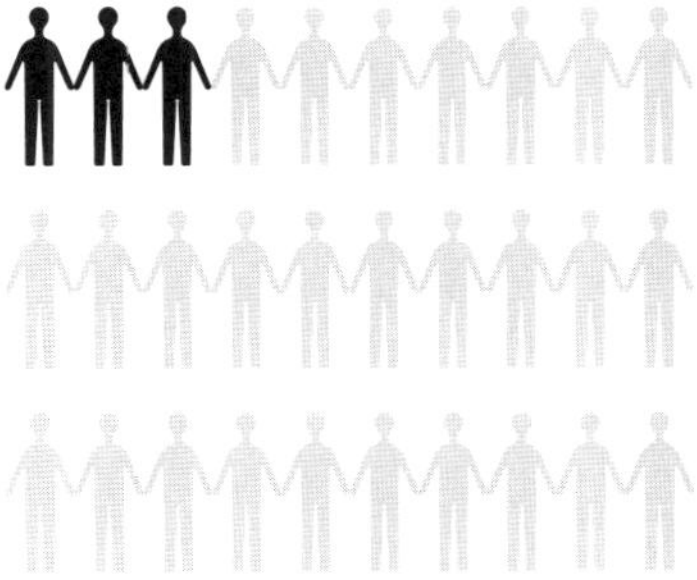

世帯年収1000万円以上の人は3人

だったとしますよね。経済的に余裕のあるお家はすぐに制服を買えるかもしれないし、ご近所に卒業生のいる生徒さんは、先輩のお下がりをもらえるかもしれない。こういう人は制服の値段が高くても問題ないですね。

一方でそれがすごく負担になる人もいます。ご近所づきあいが円滑《えんかつ》であったり、人に「お下がりちょうだい」と言えたり、制服代をポンと出せるお家ばかりではない。4月は引っ越したり、通勤の定期代がかかったりして出費もかさむ。

こういう人にとって制服は安いほうがいいに決まっているけれど、みんな「当たり前」と思いながらそのお金を支払っているから、「制服が高い」「もっと安く買えないの？」と意見を言うことが、自分のためだけの「わがまま」と思えてきてはばかられてしまう。

こうやってだれかがいろんな形でがまんをした結果として、4月には制服を着た30人の生徒が教室にきっちり揃《そろ》っている（かりに制服を用意できなかった子がそのことを理由に欠席したとしても、他の人には「制服を買えなくて」という理由はなかなか言いづらいでしょう）。さらに言えば、制服を着て学校に来ている人は、自分と同じように「ふつう」だとみんなが思っているから、他の人の状況に思いが至《いた》らない。でも実際は、困ったときに他の人に頼れないような状況（「社会的孤立」と言います）の人も、貧困な人もけっこういるんです。

学生に聞くと、クラス内に経済的な格差なんてないと思っていた人が数多くいます。かりに格差があるという意見があったとしても、特別にお金持ちな人（高校生でブランド物を持っているとか、海外旅行にすごい回数行っているとか）が目立つ、という声があるくらいで、「貧困」の側に気づく人はなかなかいない。それは、中学や高校という空間がいろんなでこぼこした差異をならして均一にし、そのうえで教育や知識の提供を行うところだからなのですが、家や学校の外に出ても「目に見えてかわいそうな人」はそれほど見たことがない、というのが、みなさんの多くの共通認識なのではないでしょうか。

みんな同じように見えているけれど、それは一人ひとりが周囲に合わせるように――がまんをしたり、悩みを言わなかったり、自分について語らなかったり――相当努力をした結果そうなっている。だから「ふつう」に見えているだけで、その「ふつう」の表面を一枚めくったら、一人ひとりまったく違う環境で生活している。一見同じに見える人たちは、みんな違うわけです。

みんな違って当たり前で、それぞれにそれぞれの生きづらさを感じている。**一見同じに見えるけれど、ほんとうは違う人々のなかで、みなさんがイメージする「ふつう」は相当無理して維持されている**ことを、最初にわかってもらえればと思います。

「ふつう幻想」が「ずるい」をつくる

「ふつう」がどこにもないんだ、ということを知ったうえで、もう一度「わがまま」について考えてみましょう。

クラスの友だちは、おおむね自分と同じに見える。でもじつはそれぞれに違いがあります。つまり隣の人が自分と違うにもかかわらず、「ふつうはこうする」というなんとなくの標準がある。私たちはこうした「ふつう幻想」を抱いてしまっています。

そして**「ふつう幻想」に沿《そ》っていない人の行動を、私たちは個人的で自己中心的な「わがまま」だと思ってしまいがち**です。

同じに見えるなかでの異質さはみなさんの家庭にも、クラスにも、友人関係にも仕事でも、いろいろなところに当たり前にあります。人によって大切にしているものやできないことが大きく違うけれど、そのことは明らかにされない。だからある人の要求や権利が、他の人にとって「わがまま」だと感じられる、そういう場面に出くわすことがしょっちゅう起きるのです。

私（富永）は大学で講義をしていますが、授業にきちんと出る真面目な大学生は、アルバイトばかりして講義に出ない学生を不真面目だと思っていたりする。たとえば「あの子は、夜遅くまでアルバイトをして1、2時間目の授業に出れないというけど、それはなまけているだけじゃないか」とか、みんなで協力してやるような授業だと「あの子の遅刻のせいで授業が遅れて迷惑だ」とか「出席していないのに他の人と同じ成績を取れるのは不平等じゃないか」という声が上がるわけです。

私は大学の先生ですから、アルバイトで遅れてしまう人のために配慮《はいりょ》することも、できなくはありません。たとえば、1時間目に出られない人のために、出席しなくても単位（中学校や高校で言うところの成績のようなものです）を与えられるようにしたり、夜中に予習復習できるようにノートをオンラインで公開したりする。そうすれば、授業に出なくても勉強することはできます。でも毎回朝早く起きて真面目に学校に来ている子は、こうした配慮を「特別扱い」と捉えて「自分は面倒くさくてもちゃんと出席してるのに……」と反発するかもしれません。

この反発の裏にも、「ふつう幻想」が関係しています。それはどんな「ふつう」なのか、すこし考えてみましょう。

同じ授業に出席している人は、全員「受講生」「学生」という立場です。でも、その背景には全然違う生活がある。私立大学に通っている京都の大学生はだいたい「みんな」1ヶ月に10万円前後くらいの予算で生活しています。ところが、「10万円前後で生活している」という前提が同じでもその内訳が違う。全部奨学金（この奨学金は、多くの場合、将来返さなくてはいけないお金です）でまかなっている人もいるし、保護者からの仕送りで生活している人もいます。月々10万円で生きていることは変わらないのですが、家の経済状況とか、バイトに何時間使わなくてはいけないとか、そういう違いがその裏に隠されているのです。

ある人が1時間目からきっちり授業に出られるのは、短い時間だけのバイト、あるいは夜遅くない時間のバイトをするだけで生活ができるから。一方で時給のいい深夜のバイトをしたりとか、長時間働いたりといった生活をせざるをえない経済状況の人もいる。でも「あの子も私も月々10万円で生きているんだ、同じだね」と思っていると、それがわからないわけですよね。一見同じだけどみんな違う。

みんなが同じような条件で、同じように生活しているという幻想を抱いていたら、自分の意見や主張をするのはほんとうに難しい。この時間のはじめにもこのことはお伝えしましたが、制服や遅刻の例をふまえると、すこしはイメージしやすくなったのではないでしょうか。

多くの人がみんなにとっての「ふつう」があると思っているからこそ、「みんな『ふつう』にするために苦労して、がまんしてるのにひとりだけ違うことをして……」というように、自分の意見を言うことをネガティブな意味での「わがまま」だと思ってしまうわけですよね。

わがままは自己中ではない

繰り返しますが「わがまま＝自己中、自分勝手」と考えてしまうとき、私たちは「みんな同じなのに、あの人だけこんなことをするのか」と感じています。

でもちょっと考えてみてください。**その人の「わがまま」が、その「わがまま」を言った人にとどまらず、じつはある程度多くの人に共通する事情だとしたら**どうでしょうか。前に例に出した制服の話だと、ご近所から制服をもらうにしてもお金を払って買うにしても、じつは相当苦労しながらみんな「ふつうの制服」を調達《ちょうたつ》している。先ほどの大学生だったら、金銭的理由からアルバイトをせざるをえず、1、2時間目の授業に出られない。そうした事情を抱えている人は他にもたくさんいる。

だれかが「制服を安くして」とか「授業に出られない」と「わがまま」を言ったとしましょう。このとき一見「ふつう」で「同じ」背後にある、一人ひとり違う生活への想像力があれば、制服を難なく買えるお家の人も、授業を真面目に受けている人も、そういう理由なら配慮されても仕方ないなと理解してくれるかもしれない。個人の努力ではどうにもできないくらい、学生の経済的な格差が進んでいるから、学校や教員が配慮《はいりょ》したり対策することが、クラスのみんなの納得のうえでできるかもしれない。

「わがまま」というと、「自己中」とか「自分勝手」と同じようなイメージがある人も多いかもしれません。ただ、その**「わがまま」が生まれた背景や経緯をひもといてみると、「わがまま」は自分のみならず、同じように「ふつう」に縛《しば》られて、その底に隠れていた人々を救う力にもなるはず**です。

「わがまま」を言うことはじつはとても大切です。みなさんの「わがまま」、あるいは他の人の「わがまま」が、その人ひとりだけではなくて、だれか別の人たちのがまんしてることとか、悩んでいることとか、モヤモヤを解決してくれる可能性があるんだ、というのがこの本の一貫した主張です。

だからこの本は「わがまま」を推奨《すいしょう》します。みなさんが「わがまま」を言う……とまではいかなくとも、わがままを言う人に理解を示し、「わがまま」を表明する意義を知ってもらえたら、この本の書き手としてとてもうれしく思います。

意見を言うと浮いてしまう？

ここまでお伝えしてきた「わがまま」と、密接な関係を持つのが「社会運動」という行動です。社会運動というと何か「怖い」とか「近寄りがたい」イメージを持つかもしれませんが、社会運動は自分や他の人が困っていることやモヤモヤしていることについて、解決したり、その困りごとについて広く知ってもらうために声を上げることですから、「わがまま」にとても近いのです。ここからは社会運動の理論を用いながら、「わがまま」についてより広い視野で考えてみます。

後で説明しますが、日本は他の国と比べて「わがまま」に厳しい国だという社会運動の調査結果が出ています。それぞれに生活の中身が全然違うにもかかわらず、一見するとみんな「ふつう」に見えてしまう状況があるから、つい他人の「わがまま」に厳しくなってしまう。ではなぜ日本人は、自分たちが「ふつう」だと、これほどまでに考えるようになったのでしょうか。

ふつうと平等はどこへ消えた？

社会科や政治経済の授業で、「一億総中流（国民総中流）」という言葉を習った人がいるかもしれません。もう60年近く前になってしまいますが、1960年代に「高度経済成長期」を経て、日本はどんどん豊かになっていきました。

そのなかで、目に見えて貧しい人、大変な目に遭っている人は（もちろんその頃にもいたのですが）「ふつうの」市民の生活からは見えなくなっていき、**国民のだれもが「中」くらいの生活をしているという、一億総中流の意識が形成されたのです**。なんと70年代には、日本の9割の人々が、自分の暮らし向きが中くらいだと答えています（内閣府「国民生活に関する世論調査」）。

なぜここまで私たちは中くらい、すなわち「ふつうの生活」を信じられるようになったのか。理由はいくつかあるかもしれませんが、収入が増え、ふつうの人たちがふつうに持つもの（いわゆる「三種の神器」であるテレビ・洗濯機・冷蔵庫）を多くの人が購入できるようになったことがひとつ。また高校の進学率が急激に伸び、90％以上で安定するようになったのも70年代後半です。

ちょうどみなさんの保護者の方——といっても、年齢はさまざまでしょうが——が生まれた前後くらいの時期に、日本に住んでいる人は、みんな「中くらい」なんだという意識が形成された。**そこから「みんなふつう」という感覚が形成された**と考えることはできるでしょう。

みんな気持ちとしては「ふつう」のはずで、だからこそ「ふつうから逸脱《いつだつ》したくない」、「わがまま言うのはダメだし、言われるとイラッとする」という感覚が生まれる。そう考えると、この時期に「ふつう」でありたいという意識が生じるのは、それなりに納得できるところでもあります。

ただ、いくらみなさんが、過去の日本のように「ふつう」があると思いこんでいたとしても、今の日本社会の構造は、１９７０年代とは大きく変わっているのです。

グローバル化で「ばらばら」に

私たちは今の時代、どんどん違っちゃってるんです。それは「ふつう」がなくなっていく原因にもなっています。なぜ違っちゃってるのかという理由はいくつかありますが、ここでは政治・経済の「グローバル化」を取り上げます。

この本を読んでいるみなさんのなかには、スマートフォンを持っている人も多いし、海外旅行に行ったことのある人もいるでしょう。それはなぜ可能になるかというと企業（会社）の経済活動が、国境を越えて行われるようになったためです。みなさんの使っているLINEは韓国のNAVERという会社のサービスです。iPhoneやiMacを使っている人は、それがアメリカの会社であるAppleの商品だということもご存知かもしれません。

このように他国のサービスを日常的に使えている状況は日本に居住している人だけではなく、海外の人にとっても同じで、だからこそ私たちの生活は、いくら日本語しか話さず、地元から出なかったとしても、「グローバル化」と結びついているわけです。

グローバル化によって、さきほどお伝えしたような通信システムが発達し、鉄道や船舶、飛行機や高速道路・高速鉄道といった交通システムが拡充《かくじゅう》されることで移動が簡単になります。それによって、国内外を含む広範囲の移動が可能になり、多様な情報や価値観にアクセスできるようになる。すると、同じ場所や集団のなかにいても、それぞれに異なる情報の影響を受けますし、同じ地域、同じ学校にいる人同士でも、完全に同じ情報に触れているとは限らなくなる。そうなると、日本に住んでいるからこうした情報に触れていて、こういう人間関係に囲まれて、この進路をたどっている……という状況が「ふつうだ」とは言えなくなっていく。

つまり現代は、**たとえ継続的に時間と空間を他人と共有していたとしても、価値観を共有することまでは不可能な時代**なのです。

小学校、中学校とある時期を一緒に過ごしていた友だちでも、ある人は中学受験で、ある人は引っ越しによる転校で離れてしまう。また、たとえずっと同じ場所で生活をともにする人がいたとしても、まったく異なる情報に触れて生きているから、同じ時間を過ごしていたからといって、ずっと同じように友だちでいることはどんどん難しくなっていく。

このことを、社会科学の言葉で「個人化」と呼びます。私たちは、**個人化しているに**

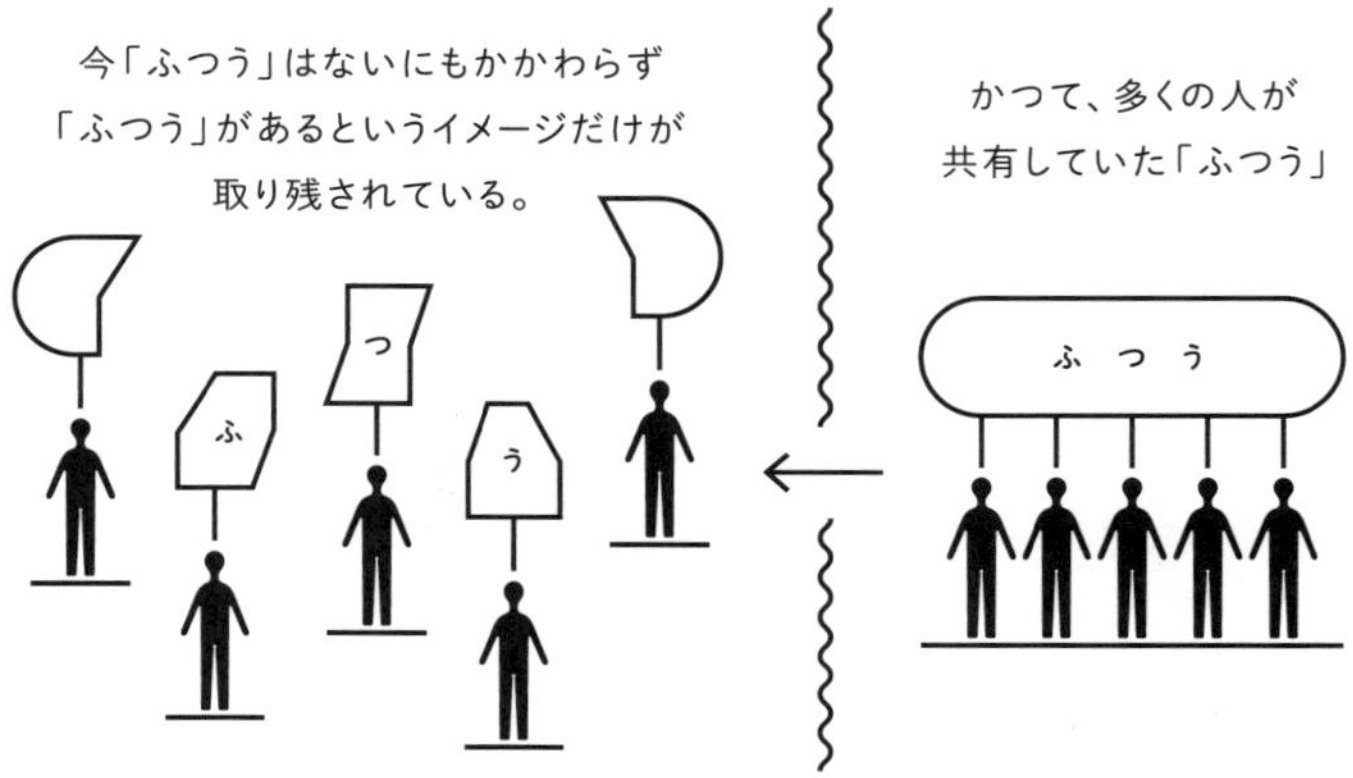

「ふつう」から「ふつう幻想」へ

もかかわらず、それでも親世代から脈々と受け継いだ「ふつう」の幻想を持ち続けているから、さっき見てきたとおり、ほんとうは全然違うはずなのに、みんな「ふつう」で同じなんだと思ってしまっているのです。

　個人化は友だちやクラスメート、地域の人々だけでなく、家族の間にも起こりうることです。

　いろいろなところに行き、多様な価値観に触れられるということは、そのぶん人との出会いが広範になるということでもあります。多くの人のなかから結婚相手を選択できるため、異なる地域や職業、社会的立場の人と家庭をつくることができますし、もちろん結婚しない自由だってある。家庭のなかで、それぞれに違う情報に触れることも珍しくありません。たとえ同じリビングにいても、それぞれに自分のスマートフォンやパソコンで、違う情報に触れていることだって少なくないでしょう。

家庭のなかですら、「同じ」ことを前提にできないのですから、クラスの友だちとのあいだで「ふつう」を仮定することは、相当難しいはずです。

私のわがままはみんなの「それな！」

ここで、話を「わがまま」に戻してみましょう。みんなに「ふつう」が浸透《しんとう》していた時代であっても、苦しみはいろいろなところに存在していました。

たとえば1960年代以降の社会問題に公害問題があります。社会科で習う水俣《みなまた》病やイタイイタイ病などが有名ですね。第二次産業が発達して、産業化が進んだことで、工場の出す排水や大気の汚染が深刻になったのです。公害はしばしばその地域に住む人の健康を害しますから、企業や政府に対して声を上げた人々、つまり「工場を動かすのをやめてくれ」とか「健康に被害が出たから補償してくれ」といった形で、「わがまま」を言った人々も数多くいました。

　こう考えるとすこし不思議じゃないでしょうか。どうして昔の人は、今よりもっと「ふつう」や「中流」という意識が強かったにもかかわらず、他人から浮いてしまうことを恐れずに「わがまま」が言えたんだろう。昔の人は今のみなさんより政治に関心があって、反骨《はんこつ》精神があって、ひとりでも、浮いてしまっても頑張って意見を言っていたのでしょうか。じつはそうではないんです。

　工場はある特定の地域に建てられて生産活動を行いますから、工場の排水や大気汚染の被害を受けるのは、同じ地域に家を買って、近くで働いて、その場所にずっと住むつもりの人々です。だから、この地域に住む人々は、同じような被害を受けていることに加え、長い時期にわたって被害を受けること、問題解決への意欲があることは、お互いにすぐにわかるわけです。

　そうすると特定のだれかが「わがまま」を言ったとしても「そうだよね、こんなに空気が汚いならフツーに抗議するよね。私たちの子どもにも影響があるかもしれないし。私もしようかな……」というように、その苦しみを「ふつう」のものとして理解できます。

「わがまま」は言った人ひとりのものではなく、少なくとも今より悪目立ちしているとは思われなかったんじゃないか、というのが私の考えです。

ここまでの「わがまま」は住民運動と呼ばれる社会運動ですが、もうひとつ、この時期に盛んだった運動に「女性運動（フェミニズム運動）」があります。この時代の女性は、短大や大学を出て就職をしても、20代のうちにやめて「お嫁さん」、つまり専業主婦になることが多かった。だからたとえ仕事をしても、いわゆる「腰掛け」と呼ばれる、すぐにやめることを想定して仕事をする存在としてしか認められないような、「いつかは家におさまる女性」だったのです。

こうした女性に対する差別や不平等をなくそうというフェミニズムの思想が普及し、生まれたのが「フェミニズム運動」でした。

専業主婦が「不平等」というのは、今からするとすこしイメージしにくいかもしれないので、補足しますね。この時代の女性の社会運動は、外で稼ぐ男性を支えて家事労働をする女性を家から解放するための、ちょっと難しい言葉を使うと、社会という「枷《かせ》」から女性を解放し、外で働くもよし、家で家事をするのもよしと、女性が好きな生き方を選べるようにするための運動でした。

フェミニズム運動もやはり、さきほど例にあげた住民運動と同じで、「女性はこういう苦しみを抱えているもの」と多くの人に想像がつきやすかったから、今ほど「わがまま」とは思われなかったわけですね。

つまりそのころは**何かの不平に基づいて「わがまま」を言うことが、他の人の苦しみを解決することと結びついていました。**自分の後ろにはこれだけ地域の住民や女たちがいるということが明確で、「わがまま」を言う背後に同じ苦しさや窮屈《きゅうくつ》さを持つ人が、社会のなかで層として存在していた。「女だから、苦しいの」と発言したときに、男性のように仕事をできなくて苦しい、あるいは専業主婦で「だれだれの奥さん」としか呼ばれないことが苦しいというイメージが、ある程度共通してあったのですね。つまり、**「わがまま」を言えばすぐ、自分と同じような状況にあるみんなが「それな!」と反応してくれると想像がついた。**

こうした状態を「利害を共有する」と言いますが、今はその利害が、人々の間で簡単に共有されなくなっているわけです。

たとえば地域の問題ひとつとっても、現代においてみんながみんな、その地域で同じ仕事を続けるとは限らない。違う仕事に就けば別の地域に行くかもしれないし、結婚をするとも、子どもができるとも限らない。家を買ったとしても、単身赴任《ふにん》でろくに帰ってこない人もいる。そういう人にとっては、地域の大気汚染はそれほど大きな関心事でないかもしれない。だから、地域の問題に「わがまま」を言ったとしても、みんなが「それな！」と言ってくれるとは限らない。

それに対して、人々の生き方が多様になり、個人化がそれほど進んでいない時代には、ある程度固定化された、中流的な「ふつうの」生き方——これを「ライフコース」と呼びますが——が存在していた。

だからこそ、この年齢において、この性別で、この社会的立場だったとしたら、こういう苦しみを抱えているだろう、と想定しやすかったわけです。

今のわがまま・昔のわがまま

社会がどんどんグローバル化していって、個人化するとどうなるか。

なんとなくみんなのなかで「ふつう」はあるんだけれども、じつは皮を一枚めくってみると全然違う生き方をしている私たちがいる。これまでは同じ地域に住んでいるとか、同じ性別であるとか、同じ職業であるとか、そういう要素（「出自《しゅつじ》」や「属性」と言ったりします）が同じなら、同じ生き方をすること、同じ苦しみを抱えることを想定できたけれど、個人化の時代はそうはいかない。たとえ同じ空間、時間を過ごしていても、同じ学歴や年代や家族であっても、まったく異なる経験をしていて、まったく異なる苦しみを抱えていることはめずらしくない。

こういう場合、たとえ苦しみを抱えていたとしても、その苦しみが「他人に簡単には理解されないんじゃないか」という危機感を持ってもいる。そのくせ「ふつう」という幻想だけは昔と変わらずばっちり持っちゃってるから、どんなに苦しくても言い出せない。

もちろん現代でも、私たちは苦しみを抱えているし「わがまま」を言えばそれなりの数の人と共有できる。それがうまくいった例に、近年流行した「#MeToo」運動があります。

みなさんもご存知かもしれませんが、あるハリウッド女優がプロデューサーからセクシャル・ハラスメントを受けた事実を告発したことをきっかけに、それに応えるかたちで「私も」と、世界中でセクシャル・ハラスメントやジェンダー・ハラスメントを告発する人々がツイッターなどのSNSで続出し、大きな動きとなりました。この運動自体も、70年代に普及した（先ほどもお話ししましたね）フェミニズムと強くかかわっています。ただ授業などで「#MeToo」やフェミニズムの話をすると、女性かそうでないかを問わず、自意識過剰だとか、たんなる「わがまま」なんじゃないの、という反応が絶対返ってくる。

こうした反応があることはつまり**「女」というだけでは、同じ利害を共有しづらいことを意味している**とも言えるでしょう。セクハラを受けて声を上げた女性に対して、同じ苦しみを抱えているはずの女性からも「なんか沸点《ふってん》の低い人がいるな〜」「私は女で得してるから、セクハラなんて全然気にしない」という反応があったりする。それはまさに個人化の影響で、もはやそれぞれに同じ女性といっても全然違う立場であることの証明ですよね。

前にあげたような「女性の生き方が限られた時代」と比べたら、女性の権利はかなり向上していて、少なくとも以前よりは「弱い」存在とは見なされていない。たとえば、私の授業でよく聞く意見に、「レディースデー」や「女性専用車両」は女性に対する特別扱いじゃないか、というものがあります。こうした女性向けのサービスは街中に数多く存在しますが、「レディースデー」に関して言えば、男性よりも女性のほうが平均すると給与がまだまだ低いから必要だと、私は思ってます。また、通学中や帰りになんらかの嫌がらせを経験したことがある人は、女子だと70%（#WeToo Japan、２０１９年調べ。ただし、男子でも30%の人に嫌がらせの経験があります）と言いますから、長距離通勤が怖いのはいまだ女性のほうです。したがって、「女性専用車両」を設置することはある程度理にかなっていると言えるでしょう。でも、それをいちいち説明しなければわからないほど、女性の社会的立場が多様な現状がある。

女でなくても、外国人とか、子どもとか、ある属性に基づく苦しみというのはたしかにあるし、男性と比べれば女性のほうが、給与は少なく、痴漢に遭いやすいという実態はデータでも出ている。ただそういう苦しみとか弱さが、人によって全然違う現れ方をするので「女だからかわいそう」「子どもだからかわいそう」と一概に言えなくなっているということです。異なるからこそ団結できず、本来同じような被害を受けているはずの他人に優しくできないことも、苦しみを簡単に共有できない個人化の弊害《へいがい》と言えるのかもしれません。

ここまでをまとめると、男にしても女にしても、あるいは特定の人種にせよ職業にせよ、**「みんなに共通の利益」「みんなに共通の被害」が想定できない以上、「自分は同じ○○だけど、そんな人とは違う」という反応が、当たり前にあるのが今の社会だ**ということです。たとえば「女だけど、セクハラを受けて騒ぐ人とは違う」というものもあれば、「男だけど、セクハラをするような人とは違う」というものもあるでしょう。

違いからはじめて同じ根っこを探す

ここまですこし矛盾するようなふたつのことを書いてしまったので、整理しますね。まず、私たちはどんどん個人化していて、たとえ同じ出自の人であったとしても苦しみは簡単に共有できない。その一方で、「女」とか「外国人」とか、ある属性に基づく苦しみは、たしかに見えない形で残っていて、その表れ方や見え方が昔とは違うんだ、ということです。

こうした時代に見られる「わがまま」は、#MeToo運動のように、**それぞれにみんな違うなかで、異なる苦しみを抱えていて、共通する「根っこ」を探していくような活動**

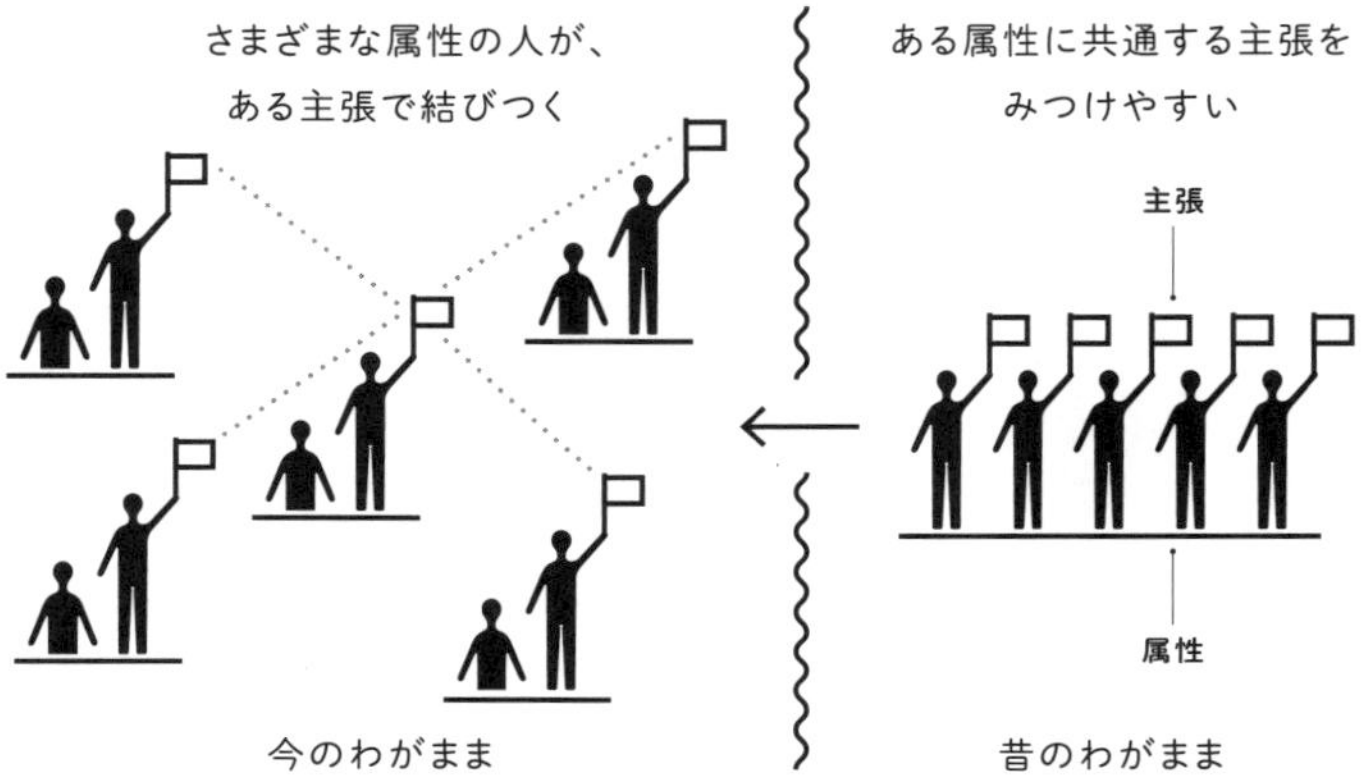

今のわがまま・昔のわがまま

のあり方、という感じでしょうか。

「根っこ」は私たちのいたるところに隠れています。たとえば「いつ自分が差別される側だと思ったか」という話を女子学生としたときに「就活（就職活動）のとき」と言っていました。

その話をしていたのと同じくらいのタイミングで、東京医科大学が性別による入試差別をした事件が起こった。大学生時代には「自分とは関係ない」「医学部は大変ね」と思っていたかもしれないが、就職活動をしてみて「ああ、あの医大の事件と自分がなかなか内定を得られないことは、もしかしたらつながっているのかもと思った」とその学生は言っていました。つまり大学入試の問題と就職活動の問題、どちらも女性への差別という根っこでつながっていたとわかったということですよね。

#MeToo運動も同じで、被害に遭った人が「職場でこんなことをされて……」とか、「学校でこんなことがあって……」と経験を説明することで、場は違うけれども、いわゆるハラスメント被害には何か共通の根っこがあるんだな、とわかってくる。

つまり #MeToo 運動は、以前のフェミニズム運動や住民運動のように、同じような立場の人々が苦しみを訴えるというより、それぞれ表面的には違う個人の共感のつながりからできていると言えます。

これは女性に限らず、男性でも子どもでも老人でも同じで、社会を「層」として見ることはもうできないけれど、何か嫌な目に遭った人々が寄り集まって、**それぞれに経験を話すことで、他の人への橋をかけていく。そうすると、違う問題のはずなんだけれど、ちょっとずつ同じ根っこが見えてくる。**それが、現代の社会運動の特徴です。

私、別に「かわいそう」じゃないし…

個人化によって苦しみが共有できないということは、他者から見ると、この人はこういう理由で苦しんでいるんだ、「かわいそう」なんだとわからないことでもあります。「かわいそう」という言葉もまた、社会運動を考えるうえで重要なキーワードですから、ここでは「かわいそう」という感情を軸に、現代の社会と「わがまま」を考えてみましょう。

「社会的弱者」や「マイノリティ（社会的少数者）」といった言葉があります。こうした人々は、他の多数の人と同じような職業につけなかったり、同様の賃金をもらえなかったりしてきた。

今までのたとえだと「女性」もそのひとつですが、「外国人」や「障害者」も同様です。そして女だからかわいそうだ、在日外国人だからかわいそうだ、障害者だからかわいそうだと言えなくなっているのが現代社会の特徴です。

それが、社会運動のやりづらさや、社会運動が「わがまま」と見なされやすい、ということもかかわっているのです。社会的に弱い人の像が定められているけれど、その「かわいそうさ」が自明のものとされなくなっている。

ただ、これは「かわいそうさを抱えている人」の側も同じように思っている。自分が女だから、特定の人種だから、特定の職業だからかわいそうな目に遭った、と感じる人は、いまやあまりいないのではないでしょうか。

「この苦しみは、あなたが○○ということに基づいているのよ」と言われたら、「いや、違うし……」と思うんじゃないですかね。

じつは、私自身もハラスメントを受けたことがないわけではないんです。それを信頼できる人に伝えたら、「あなたが悪いんじゃないよ」と言われた。つまり「あなたが何か、原因となるような振る舞いや言動をしたわけじゃない。あなたが女性で、(どちらかといえば)若くて、だから狙われたんだ」ということを言いたかったのでしょう。

それはすごくよくわかるのですが、一方でそれを認めたくない気持ちがありました。すべてを私個人でなく「女」であり「年少者」であるせいにするなら、自分がこの職業を選んだことも、そのために努力したことも無駄になるような気持ちを抱きました。

ただ一方で忘れてはならないのは、先ほどまでお伝えしてきたように、その「かわいそうさ」は確実に女とか、年少者であることに起因《きいん》している部分がある。ただそれが見えなくなっているだけだということです。

だから社会運動は、「富永」という個人の痛みや傷から、「年少者」や「女」という共通の要素を取り出して、その要素に基づきながら、女性や若い人に対する差別をなくそうと訴えていかなければいけない。そうじゃないと、社会全体の問題になりませんからね。

ただ、**個人化した時代の私たちにとっては、年少者や女といった「共通の要素でくる」ということや、そのような要素が「かわいそう」の原因であると解釈《かいしゃく》することが、すこし乱暴に感じられる**のでしょう。

さらに、立場が一見よくなっているように見えるから、実際にはまだ苦しみが残っているのに、「この人たちはもうかわいそうじゃないな」と思われてしまうことがあります。これもまた「わがまま」を言いづらくする原因です。最後にもうひとつ例をあげてみます。

２０１７年に「バニラエア事件」がありました。これは、身体障害を持つ車いす利用者の方が、航空会社であるバニラエアの飛行機に乗ることを拒否されて、無理やり自力でタラップ（飛行機にのるための階段のようなものですね）を登ったという事件です。

テレビやインターネットなどの反応を見てみても、#MeToo 運動で声を上げた女性と比べると、「かわいそう」な人だから、彼のやっていることには意義がある、と障害者の方の行動を肯定する人が多かったように思います。

しかし一方で「わがままだ」という意見もあった。声を上げた人のことを、クレーマーと言ったり、航空会社に対していちゃもんをつけていると言う人もいました。

バニラエアの話は、じつはまったくの搭乗拒否《とうじょう》というわけではなく、数日前から連絡していれば搭乗を補助する器具や係員もついてくる。バニラエアに限らず、だいたいの介助は数日前から連絡したら対応してもらえる。それなのに事前連絡をしなかったお前が悪い、というわけですね。

ただ、このようなバッシングが正当だとはとても言えない。本来健常者の顧客には強いることのない事前準備を障害のある人に押し付けているわけですから。

個人化が進んだ社会のなかで、何かの属性に基づいて自分を「かわいそう」と思うことも、ある他者を「かわいそう」と認めることも、私たちはすごく抵抗がある。ただ一方で、生まれつき変えることのできない要素による苦しみはたしかにあって、それを認めていかないとやはり「わがまま」は言いづらい社会になっていくのです。

この時間では、なぜ私たちは「わがまま」を言えずにがまんしてしまうのか、他人を「ずるい」と感じてしまうのかというお話をきっかけに、現代社会では私たちのなかに「ふつう幻想」が潜んでいて、「かわいそう」な人は、少なくとも目に見える形ではもういないように感じてしまう、というお話をしました。

すこし難しい表現を使うと、**人々が多様化したことで一人ひとりの苦しみや傷が個人化されていて、だからこそ隣の人と簡単にその痛みを分かち合えない**、ということですね。

ただ一方で、たしかに社会に弱い立場の人はいて、その人たちの苦しみや痛みは、目に見えない形でまだ存在しているのです。

ポイント

1 社会はどんどん多様になっている。

2 それにもかかわらず、私たちは「ふつう幻想」を捨てられず「ふつう」なんてありえない社会で「ふつう」を探してしまう。

3 多様性にあふれる社会では、自分の苦しみが他の人にも共通するかわからず「かわいそう」な人々がだれかわからない。

4 だからこそ、声をあげた人々を「わがまま」「ずるい」と感じてしまうし、私たちはがまんすることを選んでしまう。

その人になってみる

人々の間に異質性や多様性があることは、わかってはいてもなかなか感じにくいものです。エクササイズとして「その人になってみる」、つまり目が見えない人になってみるとか、お年寄りになってみることは、いろいろな視点を得るために有効だと思います。

その場合どうしても明確な社会的弱者の立場に立つものが多いのですが、自分とわかり合えない人、たとえばクラスの「ガラの悪い子」や「クセの強いやつ」だったり、一見自分より恵まれているように見える人であったり、自分が絶対にならないような立場の人になるというのも重要だと思います。

「リディラバ」という団体の「Travel the Problem」(https://traveltheproblem.com) という企画はとても興味深く、実際にその人に「なってみる」ツアーを企画しています。たとえば視覚障害者であったり、妊婦さんであったり……いろいろな人の生活を人為的につくり出して体験し、いつも歩いている街を歩くことで、自分が普段生きている世界がこんなに「自分の目からしか見えていない、自分の感覚でしかわからない」世界だったんだと認

エクササイズ1

識するのに一役買っています。

とはいえ私はこの本のなかからしか語りかけられないので、さすがにみなさんに何か装備をつけて街を出歩いてもらうわけにはいきません。だから、**その人になってみるというロールプレイングの一環として、お小遣い帳……というより、家計簿をつけてみましょう。**

これは、アルバイトや派遣労働といった非正規雇用で働いている人向けの支援団体で行われるプログラムに近いものです。税金がこれだけで、保険料がこれだけだとすると、こうした生活ができる（しかできない）、ということを「ふつうの暮らし」と「貧困な暮らし」で体感するプログラムです。こうしたことを、年収1000万円とか、年俸制とか、いろんな収入形態でやってみるとおもしろいかもしれない。一見お金持ちに見えても「え、税金引かれたら、こんだけしか残らないの」とか思うこともありますし。

このエクササイズでは、「貧困」を「ふつう」にするために、どんな隠れた努力が行われているのかを見ることができます。

その人になってみる

①
「月14万円の暮らし」をしましょう。14万円が自由に使える状態で家計簿をつけてみる。光熱費・水道代・ガス代は人や地域にもよりますが、合計8000円程度計上し、家賃は、あなたの住んでいる都市の部屋を不動産屋さんのサイトなどで調べてみてください。スマホの通信費、Wi-Fiの契約費や、交際費にいくら使えて、趣味にいくら使えて……と、いろいろ計算してみてください。

②
つぎは、「月5万円の暮らし」をしましょう。5万円が自由に使える状態で家計簿をつけてみる。何を削ればいいでしょうか。光熱費・水道代・ガス代やスマホの通信費はあまり減らせないでしょうから、家賃や食費、交際費になるでしょうか。

③
「月5万円の暮らし」では、お金が足りなくなったら、バイトをすることもできます。足りないお金はいくらでしょうか。それを稼ぐために何時間バイトをすればいいでしょうか。

家計簿シート

自分が以下のふたりの学生だったら、どうお金を使って生活するか、
棒グラフに書き込んでみよう。アルバイトをしてお金を稼いでみてもいい。
ただし、そのぶん勉強や遊びの時間が少なくなることも考えてみよう。

月14万円で生活する学生

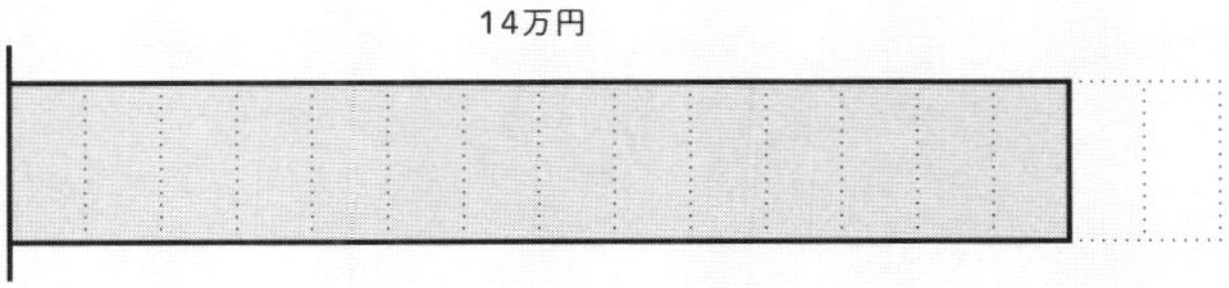

月5万円で生活する学生

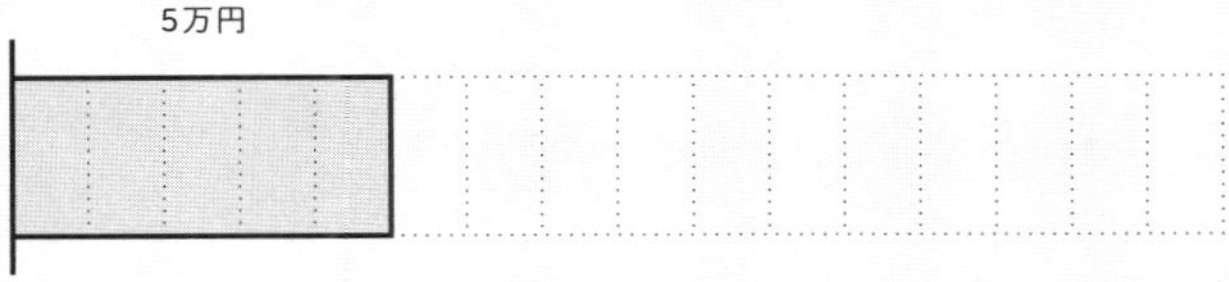

あだ名ワークショップ

つぎに、すこしソフトなエクササイズをご紹介します。

「趣味」や「普段生活している環境」に関しても、私たちの接しているもの、見えているものは全然違いますよね。

私はこの本を書くにあたって、『セブンティーン』とか『ニコラ』を読んだり、いつも本を書いている場所をホテルのラウンジや研究室からスタバやマクドナルドにしてみたのですが、見える世界が全然違いました。「お、JKって自分で言うんだ」とか、『『行けない？』のこと『行けるくない？』って言うんだ」とか、「ちっちゃい字の教科書使ってんだな〜」とか発見の連続でした。

だから、居場所や読み物を変えてみるだけでもずいぶん違うものが見えてくるでしょうが、せっかくなのでいつもの風景を違う角度から見るエクササイズもしてみましょう。

現代の社会において、「一見同じに見えるものが違う」ことに気づくのは難しいことです。ふつうに生活しているだけでは簡単にその違いは見えないわけですから。

とくに、学生の生活する「学校」は、会社と比べて他の人との違いを感じにくく、感じたとしても社会的な立場（親の収入や住んでいる地域）の差がわかりにくい場所でもあります。

だからこそ、学校のなかで「他の人から見えた世界」を想像することは、とても重要なトレーニングになると思いますし、それもおすすめです。じゃあ、どうやればいいでしょうか？　ここでは**あだ名ワークショップ**をやってみたいと思います。

エクササイズ2

①これまでつけられた（たとえば小学校、中学校、高校、大学時代）の「あだ名」を書く。
②「家族」「部活」「（あれば）バイト先」「クラス」「地元」など、あなたが主に属している居場所やコミュニティ、人間関係のなかでの「あだ名」を書く。（「○○先輩」「××さん」などもあだ名にカウントすること）
③友だちと見せ合って、それぞれに気になるものを指して「何がきっか

あだ名ワークショップ

けでこんなあだ名になったのか？」「だれにつけられたのか？」を質問しあう。

これをすることによって、現在から過去に遡《さかのぼ》って（①）、また同じ現在でも異なる場所によって（②）、その人の集団での立ち位置や他者との関係、また所属する集団の性格の違いがわかるようになります。

このワークショップを通じて、今まで知っていた友だちやクラスメートの違うあだ名、つまり「違う面」を見ることもできるのではないでしょうか。

ある高校でこのワークショップをやったところ、名前とも、中学時代までのあだ名ともかけ離れたあだ名をつけられていた人がいました。こういう人はツッコミどころがわかりやすいので聞いてみると、「名前とは無関係のあだ名を必ずつける」という部活だったそうです。そういう集団はルールが厳格なのでしょう。また、外からは一見わからない、仲間

エクササイズ2

内のあだ名をつけ合うことで、構成員同士の関係を密にする仕組みが働いているのだとわかります。

他には、小学校時代から高校まであだ名が一貫して変わらない人もいました。こういう人の場合も、質問してみるとそれはそれで楽しくて、たとえばずっと地元で過ごしていて人間関係が変わらないのか、それともどの集団でも自分から進んで「○○って呼んでね」と言うタイプなのか……と、理解を深めてみてもいいでしょう。

下の名前か上の名前か、「さん」付けかそうでないかなど、シンプルなあだ名のなかにも、その集団での立場や親しみやすさが現れていたりするものです。

私はじつは、中学校では体育委員長（体育委員長の仕事について書こうと思ったのですが、あまりまじめにやってなかったからなのか、覚えていません。みんなの前でラジオ体操させられたことだけは覚えてます）だったんです。

なんでかっていうと、体育祭が嫌いで嫌いで、だから廃止できたらあ

あだ名ワークショップ

りがたいなと思ったので。われながら訳のわからないことをしたと思いますが、体育が苦手な人ならわかってもらえるのではないでしょうか……。ただ、多分学校のなかには、唯一、体育の時間だけが楽しくて、体育でなら活躍できるという子もいるので、その子の生きている場所を奪うのはとんでもないことなんですよね。

逆に言えば、私みたいなクソファシスト（ファシストは「独裁者」というくらいの意味に捉えてください）が、たとえば本嫌いなのに図書委員長になって、「図書館廃止だ！」とか言い出したら、私も困ります。

そういう意味でも、学校という「平等な空間」が見えなくしているものってあるのかな、と思ったりしますし、他者の状況をうかがい知ることはいつも重要だと、自分の教訓（笑）から思います。

ここに提示したふたつのエクササイズはあくまで例ですが、何か、「ふつう」に隠れて見えない人との違いがわかりやすく体験できるものがあったら、ぜひ、私にも教えてください。

2時間目

「わがまま」は社会の処方箋

「わがまま」批判はどこからくるの？

みなさん自身がモヤモヤしたとき、なんかこれっておかしいなと違和感を感じたとき、どうするでしょうか。たとえば校則が厳しく、グラウンドを休み時間に使うために申請書を出さないといけない学校があったら、その校則はおかしいと抗議するでしょうか。あるいは、自分の通っている高校は、あまり制服がかわいくないのでいろいろ工夫して着こなしたいが、それもダメだったりする。それを不満に感じているとき、あなたならどうしますか。

直接先生に抗議する、友だちと愚痴《ぐち》を言う、何もしない。いろいろな方法があると思います。

ここで確認しておきたいのですが、この本は、嫌だなと思ったときに、無理に行動してほしいと主張する本ではありません。現代の社会において何かを変えようと主張をすること、つまり「わがまま」を言うことはハードルがとても高いからです。

何かを主張をするための「わがまま」が「自己中」だと捉えられやすい状況になっている現代の社会で、「こんな不満を持っているのは私だけかもしれない」と考えて、何も言わないまま自分の不満を心に押し込めてしまうほうがよっぽど自然だと思いますし、「わがまま」を言ったからといってどのくらいの人が賛同してくれるかもわからないし、むやみやたらに目立つのもイヤでしょう。そのなかで「わがまま言えよ」というほうが、よほど問題だと思います。

私自身、社会運動の研究をしていますが、積極的に社会運動に参加しているわけではありません。体力にもお金にも限度があるわけで、違和感を抱いたことすべてに抗議していたら、なかなかたいへんなことになってしまいます。

この時間では、それでも人々が社会運動をする——この本でいうところの「わがまま」をあえて言う——その意味を、社会運動へのよくあるバッシングから考えます。「なんでわざわざわがままを言うのか」についてじっくり考える時間、もっと言うと、わがままの価値や意義について考える時間ということですね。

なぜそんなまどろっこしいことをするかというと、今であっても将来であっても、みなさんが生きていくうえで社会や自分の所属している組織に違和感を持つときがあると思います。そのときに「必ず役に立つ！」というわけではないけれど、そうした考え方を知っておくことで自分しか抱えていないと思っていた苦しみを他の人と共有できたり、その苦しみが緩和《かんわ》されたり、解決されることがあると思うからです。

同時に、他人が何か「わがまま」を言っているときに、たんに「迷惑だな」と思うのではなく、「ああ、こういう事情があるんだな」と考えてみてほしいという思いもあります。他人の「わがまま」に対する反応の仕方をすこし変える、というそれだけのことも、みなさんが「わがまま」を言いやすい環境をつくる方法のひとつです。

わがまま下手な日本人

「わがまま」の意義を考える前に、「わがまま」、つまり本書で言う権利や不満を主張することに対して、日本に住む人々がどのように反応しているのか、まずはデータを見てみましょう。

ある意味もっとも代表的で目立つタイプの「わがまま」は、政治的な主張をしながら道路を歩いたり、広場に集まったりする「デモンストレーション（デモ）」と言われるものです。

ある程度大きい都市に住んでいる人でないと、そもそもデモを見たことがない人も多いかもしれませんね。デモはひとりやふたりでやってもいいのですが、多くの場合、何十人、何百人、多いときには何十万人の集団で行います。数が多いからいいというわけではないけれども、多くの人の目に触れやすく、報道される可能性も、一般的には参加者が多いほうが高くなります。原子力発電所（原発）の再稼働に反対するデモや、外国人労働者の待遇《たいぐう》が悪いと主張するデモなど、日本でもじつはけっこう多様なデモが見られるのですが、2018年にはフランスで燃料費の引き上げに反発する「黄色いベストデモ」があったので、海外で行われるイメージが強い人もいるかもしれません。

ここでは代表的な「わがまま」であるデモについて、日本の人がどう感じているかを見てみましょう。

日本は他の先進国と比べても、デモの参加率が非常に低い国だということは、さまざまな国際比較調査で明らかにされています。ＩＳＳＰ（International Social Survey Programme）という調査では、ドイツやスペインで30％前後、オーストラリアやニュージーランド、アメリカで20％ほどの人がデモに参加しているのに対し、**日本はわずか3・6％の人々しかデモに参加しない**ことが明らかになっています（朝岡誠「誰がデモに参加するのか？」、２０１４年）。

デモひとつとっても「わがまま」をめぐる状況は日本と他国でまったく異なる。私たちは全然「わがまま」言わないけれど、それは他の国や地域でも同じであったり、当然のことではないんだ、ということですね。

「批判するからには、別の案があるんだよね？」

研究者の山本英弘さんは社会運動への「許容度」、つまり人々が社会運動をどのように思っているかについての国際比較をしています（「社会運動を許容する政治文化の可能性」、２０１７年）。日本人はデモや座り込みといった、多くの人に見られる場所で行う活動にはとても厳しく、逆に比較的おとなしい活動、たとえば政府に対して制度を変えてほしいと交渉をしたり、あ

国／地域名	参加者比率	サンプル数	国／地域名	参加者比率	サンプル数
キプロス	61.0%	999	オーストリア	21.9%	991
フランス	55.3%	1332	オーストラリア	20.7%	1833
スペイン	55.0%	2446	チェコ	20.7%	1305
旧東ドイツ	44.7%	423	メキシコ	20.3%	1195
ウルグアイ	33.9%	1095	ブラジル	18.7%	1950
ラトビア	32.5%	990	アメリカ	18.7%	1464
デンマーク	29.9%	1157	韓国	18.6%	1293
オランダ	28.9%	1729	スイス	17.3%	1075
ベルギー	28.7%	1369	スロベニア	17.1%	1036
スウェーデン	27.3%	1250	南アフリカ	16.0%	2613
ポルトガル	26.4%	1576	イギリス	14.4%	825
カナダ	26.2%	1166	ブルガリア	14.3%	1086
イスラエル	26.0%	1171	フィンランド	14.0%	1284
旧西ドイツ	25.7%	869	チリ	14.0%	1476
ノルウェー	25.6%	1344	フィリピン	10.0%	1178
ニュージーランド	25.3%	1325	日本	8.3%	1261
ロシア	25.0%	1749	台湾	7.7%	1755
アイルランド	24.9%	1045	ハンガリー	5.1%	1022
ベネズエラ	23.5%	1195	ポーランド	5.0%	1265
スロバキア	22.7%	1033	平均／合計	23.8%	51170

出典：朝岡誠「誰がデモに参加するのか？」（田辺俊介編『民主主義の「危機」』）

デモ参加者の比率

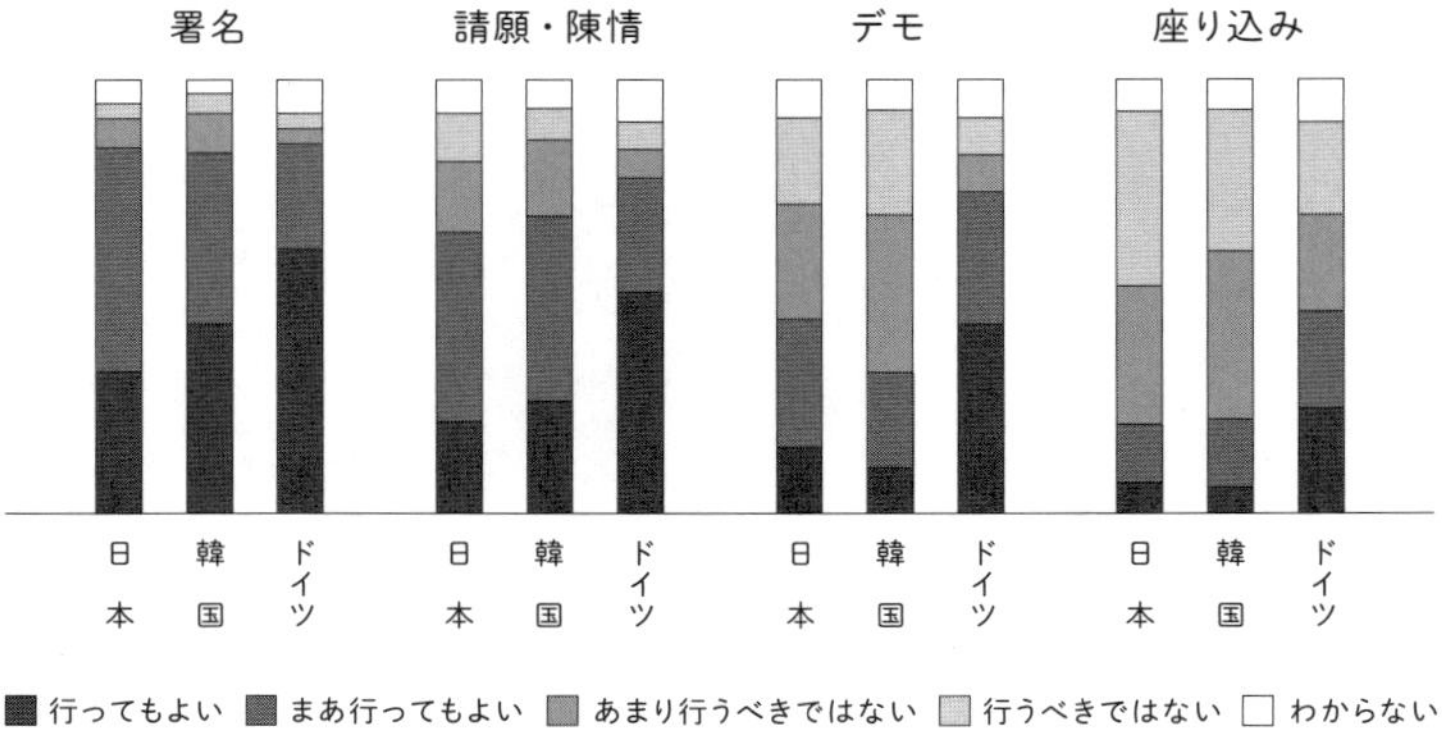

出典：山本英弘「社会を許容する政治文化の可能性」

社会運動をどのくらい許容しているか

るいは署名を集めて政府や企業に提出するといった活動にはかなり寛容《かんよう》だと言われています。署名に対して肯定的な人は83・8%、請願《せいがん》・陳情《ちんじょう》（特定の政策に対して変更するよう政府にリクエストしたり、新しい政策をつくるように提案すること）は65・5%。それに対して、デモに肯定的な人は45・3%、座り込みを支持する人は21・5%です。たとえばドイツだと、デモ、請願・陳情、署名ともに7〜8割くらいの人が「いいよ」と言っているのですが、日本の場合はっきり分かれているのがおもしろいところです。

デモ・座り込みと請願・陳情・署名の違いは、公衆の面前でやるかそうでないかという違いもあるかもしれませんが、

「批判する」だけか、「提案もする」かの違いでもあるのかもしれません。社会運動に対して「批判するなら何か別の案を出せよ」という批判がよくありますが、それはこうした許容度の違いに現れているということができる。つまり**「提案」ならいいけれど、「批判」だけだとちょっとね、という意識がこの数字に現れている**と考えることはできるでしょう。

もうひとつ、日本の人々は社会運動が自分たちの声を代表しているとはあまり考えていない。これも山本英弘さんの研究で明らかにされていることです。つまり、**社会運動って主張の内容にかかわらず、なんか自分とかけはなれた人がやっているイメージがある**、ということですね。

実際の社会運動では、かなり身近で自分たちに関係のあるテーマ、たとえば高校・大学の学費の問題とか、アルバイトの時給の問題も取り上げているのですが、どうも自分たちに関係ある話に聞こえないぞ、という人が多いのかもしれません。私も社会運動についての講演をすると「社会運動って、とりあえず何かを批判したい人がやっているだけに見える」といった意見をもらうことはよくあります。

山本さんの調査では「社会運動に意味がある（左の図の「有効性」にあたる部分です）」と考える人は50％そこそこです。この数字が多いかどうかはわかりませんが、たとえば学校に対して「廊下が寒いからエアコンつけて」「売店のパンをもっと増やして」と「わがまま」を言ったとき、その「わがまま」の内容にももちろんよるわけですが、「おお、これは学校も対策してくれるかもしれないぞ」と考える人が、半数くらいいるというイメージで捉えればいいでしょうか。

ただ、それが自分たちの意見を代表しているかどうかという「代表性」になるとちょっと少なくて、36・4％になってしまう。たとえば先ほどのように声を上げたとしても「そうだそうだ！ 自分も廊下が寒いと思ってた」「それな！ 売店のパン少ないよね〜」と感じている人はだいたい3分の1くらいだ。相当ざっくり言っていますがこんな感じになると思います。

ただそれは、ある運動について単純に3分の1が「自分たちのこと」と捉えていて、残り3分の2が「他人事」と捉えているというよりは、だれかが「わがまま」を言った途端に「こいつらとは違う」と思いたがる人が多いということでもあると思います。つまり自分も廊下が寒いと感じているし、パンは少ないと思っているんだけど、実際に「わ

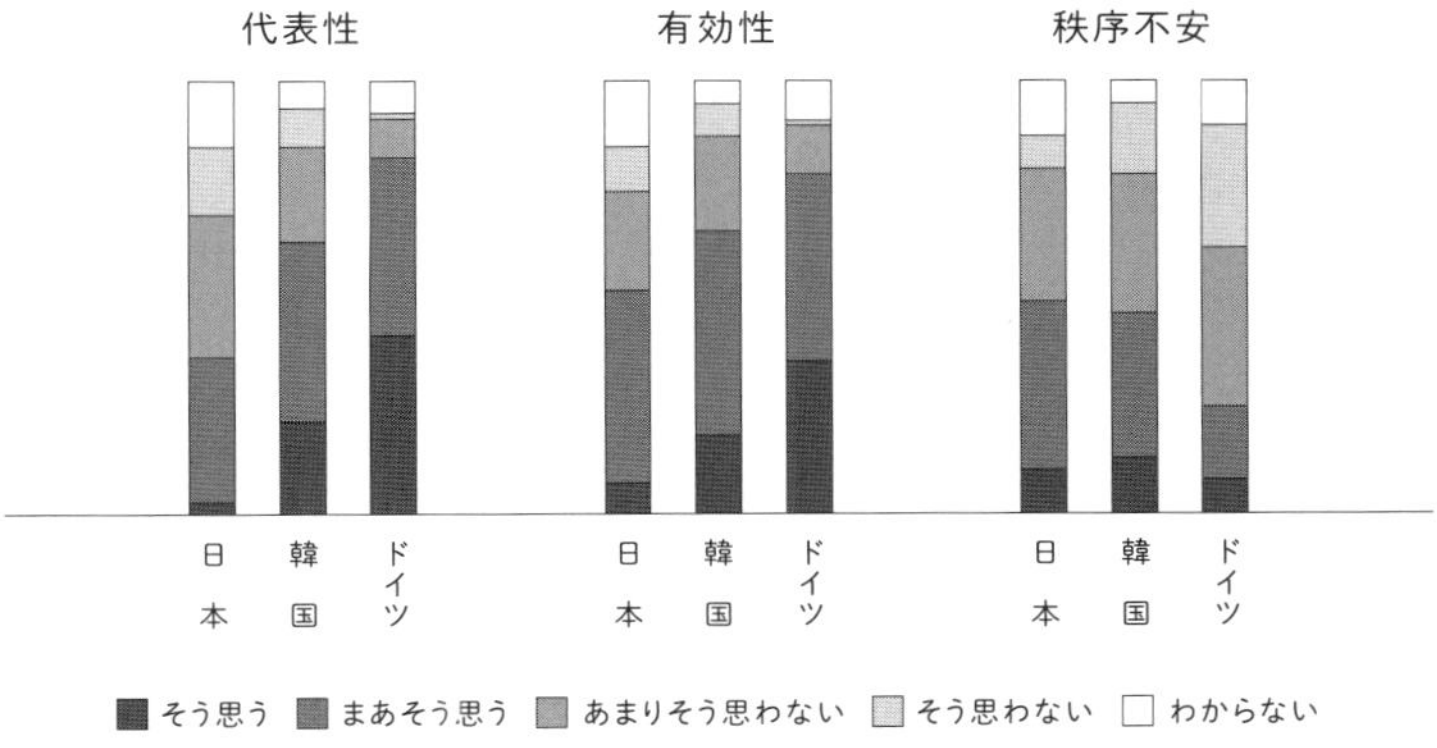

出典：山本英弘「社会を許容する政治文化の可能性」

社会運動をどう思っているか

がまま」を言っている人を見たとたん、「げっ、こいつらと一緒にされるのもやだし、現状で満足するってことにしとこ」と考える人たちも、そこそこいるかもしれません。

最後に、山本さんの調査では社会運動は危険、怖い、暴力的だと考える人の割合も調べられています（上の図の「秩序不安」です）。日本では「社会運動は危険ではない」と考えている人が38・3％います。「わからない」という人も少数ながらいますが（12・8％）、それ以外の**50％近くは「社会運動って怖い」と考えている**のです。署名が危険とはあまり思わないでしょうから、これはデモや座り込みに対するイメージなのでしょう。

じゃあ、そもそも日本人は社会運動のなかで訴えられているような政治的なことがらや社会的なことがらそのものに関心がないのかというと、全然そんなことはないんです。「世界価値観調査」が明らかにしていますが、日本で「政治に関心を持っている・やや持っている」という人は、55%くらいいる（池田謙一編著『日本人の考え方　世界の人の考え方』、２０１６年）。この割合はものすごく高いわけではないですが、少なくともこの国際比較調査では他国と比べても「中の上」くらいの割合です。私たちの身近な話として考えるなら、けっこう多くの人が政治的・社会的な問題には関心がある。でもそれについて「わがまま」を言うことには大変な抵抗があるということになるでしょう。

「社会のためとか、意識高いよね（笑）」

社会運動をする人は、「わがまま」を言うなかで、自分たちの活動は社会にいい影響を与える、と主張するんだけれども、「いや、それ偽善でしょ」「意識高いよね（笑）」という反応がかならずある。つまり社会に何かいいことをすることに対して、日本に住む人々の多くはすこし抵抗感――これを「冷笑」と言ったりしますけれども――がある。

別にいいことをしているなら善だろうが偽善だろうがどっちでもいいと思うんですが、なかなかみんなそう思えない。

武富健治さんの『鈴木先生』（2006～2012年）という漫画に、生徒会選挙に出馬する男の子がでてきます。彼は本来、みんなの学生生活をよくするという生徒会の仕事にやりがいを感じているはずなのに、友だちの前では「内申書のインパクト」のために、と言ってしまう。

この男の子のような言動をすることは、じつはけっこうあるんじゃないかと思います。あなた自身としては純粋に、人のことを思って何かしたいと思うけれども、だれかから冷やかされるんじゃないかな、と感じてしまう。それでも何かをしたいとき、みなさんならどう言い訳しますか。

そういった「言い訳」がなぜ生じるのかを、ボランティアに関する語りを歴史的に見ていくことで明らかにしたのが、仁平典宏さんの『「ボランティア」の誕生と終焉』（2011年）です。歴史的にボランティアに対する「偽善じゃねえの」「うさんくせえ」という批判はずっとあって、それに対してボランティアをしている人々はいろいろな言い訳を考えたり、社会的に意義があるんだ、と主張しようとしてきた。仁平さんの分析は非常に豊かで、いろいろな論点があるのですが、この本では「言い訳」（仁平さんは「意味論」と呼んでいます）に焦点を当てて、お話を進めたいと思います。

みなさんが、ボランティアでも、生徒会活動でも、お年寄りに席を譲るでもなんでもいいんですが、そういう「いいこと」をするとき、なんと言い訳するか、どういう意味を込めるかを考えてみてください。

ボランティアをする人は戦後において、つぎの3つの意味を込めてきたそうです。第一に「滅私奉公《めっしほうこう》タイプ」。ボランティアをすることで社会のために尽くすんだ、という言い方をする人たち。これは戦時中によく使われたんだそうです。つまり、お国のために尽くす、社会のために尽くす、と言いながら、戦時中にボランティアをした人々がいた。

第二に、戦後に見られたボランティアへの意味付けとして「自己実現」「自己成長」、すこし年上の人になると「生きがい」といったものがある。こういう場合、「ボランティア自体、楽しいからやってんだ」「勉強になるからやってるの」という言い方をする。

さらに最近になると「経営的合理性」を主張するような——すこし難しい表現ですが

——多分みなさんのイメージで言うと、「いいことすると親が小遣いくれるから……」とか、「内申点がもらえるから」という言い訳をして「いいこと」をする人、というと想像がつくでしょうか。社会の状況によって言い方は変わるんだけれども、**何らかの言い訳をしないと「いいこと」をするのは許されない、という空気がある**ことを、仁平さんは明らかにしました。

仁平さんは、これまでに使われたもののなかで、どの「意味論」——つまり私たちにとっての「言い訳」——がいいという主張はしていません。「いいこと」も「わがまま」もたんに「いいことをした・してもらった」という、「いいこと」をする人とされる人、「わがまま」を言う人とそれによって助けられる人だけの関係のなかにあるわけではない。それでは常に偽善と言われるから、言い訳しなければ「いいこと」ができなくなってしまう。だからもっと広く、政治や社会をよくするなかでやっているんだ、と考え続けることが大切なんじゃないかと、仁平さんの主張からは読み取れます。

そしてそれは、「いいこと」や「わがまま」にやりがいを感じることと矛盾しません。「わがまま」であれ「いいこと」であれ、「偽善でしょ」「お前が楽しみたいだけだろ」というまなざしは、ずっと前から存在した。そういう悪口に対して反論するとしたら**「そ**

うだよ。楽しいからやっているんだよ」と開き直る、ということでしょうか。それはなんだか悪く見えるかもしれないけど、自分のためで、社会のためにもなるんだから、偽善でもいいでしょ、ってことですよね。趣味だって勉強だって自分のためにやっているんですから、「わがまま」言うことそのものを楽しんでも悪くないでしょう。

「社会運動って、迷惑じゃないですか？」

社会運動をしている人に対する批判、悪口、文句として、こちらもよく耳にする台詞です。「市民の迷惑だ」とかね。

たしかにデモ行進で道路を練り歩いている大量の人たちは、他の歩行者の邪魔になるから迷惑に見えるのかもしれません。政治的な内容のビラを配っている人たちも、怖いというか、キモいと感じることがあるかもしれないです。

こうしたことを考えている人がいるとしたら、まずそれが「政治的なこととか、社会的な主張をはらんでいるから迷惑」なのか、「主張や目的が何であれ邪魔なものは邪魔」なのか、ということを最初に考えてほしいと思います。

たとえば全然政治と関係ないような……野球チームの優勝パレードとか、マラソン大会で道路が通行止めになるのも、デモと同じように迷惑でしょうか。

私の地元では「YOSAKOIソーラン祭り」というイベントがあります。どんなイベントかというと、市民の団体が「ソーラン節」をアレンジした踊りをするんです。かなり大規模なイベントで、その間街の中心部が通行止めになったりするんですけど、まあはっきり言って私はあんまり好きじゃない……。やってる人に対して申し訳ないんだけど、苦手です。音も静かとは言えないし、わりと人を選ぶ感じがする。ともあれ、そういったイベントを見ていると、私自身も「趣味の集まりで交通まで遮断《しゃだん》する必要ないだろう、ここは『公共の場』なんだぞ」とも思うわけです。

ただ、娯楽《ごらく》にせよ政治的な活動にせよ、「公共の場」と「迷惑」という観点から多少ほぐしていく必要があるかなと考えています。

こういうときは、まず**「公共の場だからみんながまんする」んじゃなくて、「公共の場だからみんなが使っていい」という考えにシフトしてみましょう。**つまりYOSAKOIでも優勝パレードでも、なんならサッカーでもテニスでも囲碁でもいい。道路の使用許可を取れば、基本的にはそこは私たちみんなに開かれた場所なわけです。そして、そのなかに社会運動をする権利も含まれている。芸術的なものであれ政治的なものであれ、娯楽的なものであれ、人を傷つけない内容であれば、表現をしていい、というのを大前提にしてみる。

でも、「いや、そうは言っても趣味と政治は違うでしょう」という人はいるでしょう。つまり野球チームの優勝パレードも、YOSAKOIソーランも、市民マラソンも人の楽しみのためにやってる。それ単体では、そこまで強い主張もしない。

それに対して「政治的な主張」はまったく別の性格を持つわけですよね。たとえば「原発を廃炉《はいろ》にしてほしい！」とか、「消費税の引き上げに反対します！」というときに、「いや、私のおじさん原発で働いてるんですけど……」とか、「でも、消費税を引き上げないと福祉が立ち行かないよ」という人は絶対にいます。それと私の「YOSAKOIソーランは趣味に合わないから嫌い」という意見は、切実さが違いますよね。

私たちの生活や労働に直接関わっているから、それぞれの主張に激しい賛同や批判が集まったりする。私たちみんなが当事者である「政治」だからこそ、いろいろな人が集まる空間で特定の政治的主張をするのは、けっこう迷惑に感じられてしまうのかもしれない。

もうすこしみなさんの身近な例に引きつけると、学校で「体育嫌いだからなくしてよ」とデモをするのは、体育の成績が進学に関わる人の前では、すごく言いにくい。その主張を聞いているほうも「お前はどの立場なんだ」と問われるようで居心地が悪く、できれば遠ざけておきたいと感じるかもしれません。

こういう主張を「迷惑」と感じないようにするための方策、それを乗り越えて「わがまま」を言うためのやり方は、3時間目でお伝えするのですが、ここでは社会運動は「迷惑」ではない、という大原則をお伝えしておきます。**公の場で「わがまま」を言うことは、対立も生むしすごく嫌がる人もいるかもしれない。でも、それは「やらなきゃいけない」とは言わないまでも「やっていい」こと**なんです。なぜかというと、1時間目で確認したとおり、そもそも「わがまま」を言わなきゃはじまらない。「わがまま」を言うことでいろいろな主張があるとわかってはじめて、そこからみんなの意見を調整することができるためです。

「価値観の押しつけでしょ?」

突然ですが、私、アーティストの小沢健二さんが好きなのです。中学生や高校生のみなさんは知らない人も多いのと思うので、近くにいる大人に聞いてみてください。多分、好きとは言わないまでもよくご存知だと思います。ただ、ちょっと一瞬「ギョッ」とした瞬間があって、それは彼がちょっと「社会派」な発言をしはじめたときでした。今でもりゅうちぇるさんやローラさんといった芸能人の方々が沖縄の問題や性の問題について公の場で語ってニュースで取り上げられたりしていますが、芸能人の方のそうした振る舞いについて、同じように「ギョッ」とした経験のある人はいるんじゃないでしょうか。ここでは前のページに続き、私たちが政治的なことについて話したり、聞くときに感じる違和感について考えてみましょう。

もちろん、芸能人だけでなく身近な人についても、こうした「ギョッ」とする感じを持つ人は多いでしょうし、それが政治的な「わがまま」へのイヤな感じにつながっていることは、よくあります。

「ギョッ」としてしまうひとつの理由としては、単純に自分の考えが、「わがまま」を言っている人たちと合わないことがあるでしょう。たとえば「子どもを守るために、自分たちの地区に児童相談所をつくろう！」と言われる。でも「児童相談所をつくったら治安が悪くなってしまう……」と思ってしまう人はいるかもしれない。

一方で、意見には賛同しているけど、なんだか引いてしまう場合、何が私たちを政治的なことから引かせてしまっているのでしょう。

どうも社会運動や政治的な活動というのは「あのバンドの曲がいいから聴いてみてくれ」「最近こういうマンガにハマってるから今度貸すよ」以上の「押し付け感」があるのかもしれません。

富永ゼミ（「ゼミ」といってもわかりにくいと思うので、中学生・高校生の方は、富永が担任をやっているクラスくらいに捉えてください）の学生が、おもしろいことを調べてくれました。「好きなアーティストが政治的発言をすると、引いちゃうのはなんでか？」というものです。

彼らが最初に参考にしたのは、社会心理学者の稲増一憲さんの研究（『政治を語るフレーム』、2015年）でした。稲増さんは、政治家やマスコミといった政治に慣れている人たち（稲増さんは「政治エリート」と呼んでいます）が、制度のつくり方や、政党・政治家同士の対立といった点から政治を捉えているのに対して、ふつうの人（有権者）は違う、と主張した。じゃあふつうの人はどうかというと、地域での生活から政治に気づく、あるいは自分の仕事との関連で政治を問題にする、という「私的生活空間」から政治を解釈《かいしゃく》すると考えました。つまり、政治エリートとふつうの人で政治の捉え方が違うわけです。

　そのふつうの人が政治を解釈する枠組みのなかで「アーティスト（芸能人）の発言」はどこに位置するんだろう、というのが、学生たちの問題意識でした。

　彼らの調査によると、ふつうの人は、政治家という徹底的に遠い人が政治の話をするのは気にしない。でもアーティストという、曲やPVを通じて生活に溶け込んでいる、でも完全に「私的生活」のなかにあるわけではない人々が政治の話をすることには何か「押し付け」のような印象を抱くと言います。

　当然、アーティストだってひとりの人間で、ファンはその個性に惹かれているんだから、自己表現として政治的なことを言ってもいいはずです。でも、それが**押し付けに感じられてしまうのは、政治が私たちの生活にとって、どこか「異物」だからなのかもしれません。**

だからこそ、同じく政治を扱う社会運動に対しても「価値観の押し付けでしょ？」「洗脳なんじゃないの？」という意見が出てくるし、抵抗を感じる人もいるわけだけど、同時に政治を日常的なものにするのも、社会運動の仕事なんです。たとえば、政治家が「軽減税率を……」と言ってもわからないけど、「外食をすると余計に税金がかかるらしいけど、それじゃ私は嫌。もっと他に税金をかけることがあると思う」と言えば、すこしは日常的なものになるかもしれない。

「わがまま」を言うことそのものが、政治を近くして、私たちにとって異物でないものにする、日常に溶け込ませる試みでもあります。

「自己責任じゃないですか？」

もうひとつ、社会運動に対する批判でよくあるのは、「それは頑張ってないやつのひがみ、やっかみ」とか「私怨《しえん》(個人的なうらみ)でしょ」というものです。弱い人、恵まれない人が、恵まれている人や、社会的に強い立場にあったり、高い地位にある人や組織を攻撃する。たとえば、低い給料で働いている人が「お給料を上げて」と会社の偉い人に言ったり、「税金を下げて」と政府に言っている様子を見ていると、たしかに「努力もしないでなんか言ってるわ」「社会のせいにしてるだけ」と思う人もいるかもしれない。

もっと身近な例だと「俺が部活でレギュラーになれないのは顧問のせいだ」とか「テストの点数が悪い。問題が悪かったんだ」という言葉を友だちの口から聞いたら、「いや、お前が頑張れよ」と感じるでしょう。

1時間目で「バイトが大変で、授業に来られない大学生」の話をしました。それと同じように、部活のレギュラーやテストの点数のことを考えてみてください。こういうことに対して文句を言っている友だちは、たんに怠《なま》けているだけのように見えるかもしれないけど、じつは人の数倍努力しないとなんとかならない環境にいるのかもしれない。たとえばレギュラーになるためには毎日部活に出て、顧問にいいイメージを与える必要があるとする。でも、そんなに愛想よくしつけられた人ばかりではないですよね。テストの問題だって、学校の教育システムにぴったりはまるような人がいい点数を取れるわけで、体力や生活環境からそれがかなわない人もいる。

大変な状況に追いやられている人は、それを改善するために相当な努力がいる。それをなぜ、「高い地位」とか「強い立場」の人がやってのけられるかというと、それはもう完全な運であることもなくはない。いい教育をしてくれる親のもとに生まれたとか、頑張りを否定しないような人間関係に恵まれたとか。

政治や社会が生み出した「平等じゃなさ」を押し付けられている人たち、つまり、**一見「ふつう」に見えても、頑張ることのできないスタートラインに立っている人や、「個性」とかでは到底《とうてい》受け入れることのできないハンディキャップを負っている人は数多くいます。**

1時間目でお話したように「ふつう」に見えてじつは違う、という実態を考えると、「いや、お前が頑張れよ」という言葉は残酷《ざんこく》に響く場合もあると思います。

また、一見「ひがみ」に見えるような社会運動、つまり「わがまま」は、恵まれない立場や弱い立場を是正したり、救ったりするだけでありません。**社会運動をすることで、古い価値観をこわし、新しい価値をつくることを目的**としています。

たとえば「クリスマス粉砕《ふんさい》デモ」をやっているグループがあります。この人たちはモテない、いわゆる「非モテ」と呼ばれる人たちなんですね。で、毎年クリスマスやバレンタインデーに抗議するデモ行進を行っているんです。

ちょっとおバカというか、マヌケというか、一見「ただのひがみだろ」と思うかもしれない。そもそもいまの中学生や高校生なら、モテることがそんなに重要だとも思っていないだろうから、「なんでモテるだのモテないだの、そんなことにいちいちこだわるの」と感じる人もいるでしょう。ただ、そんな事柄にこだわるのには、きちんとこの人たちなりの理由がある。

今では以前と比べてだいぶ変わってきたように思いますが、「モテ」という基準が男らしさ、女らしさみたいな枠を形成し、強調する役割をしている実態はまだまだあります。私は男の子の「女ウケ」「男ウケ」がよくわからないので、女性のたとえになっちゃうんですけれど、たとえば、ティーン誌や女性誌なんかで、「男ウケメイク」と「女ウケメイク」のコーナーが分かれていることが多い。男ウケは色白を強調して、ロングの黒髪で、なんかスカートとかワンピースとか着てる感じで、女ウケはわりとモードな格好をしていてもよかったりする。前者のような格好を「モテ」と称することが、どこかで「女らしさ」をつくり上げちゃってるわけですよね。それは見た目だけじゃなくて、SNS上でも、実際のコミュニケーションにも影響を与えている。

「クリスマス粉砕デモ」のようなモテに対する抗議行動は、「自分らしさ」が失われることに対する反発をしているとも言えるでしょう。

もうひとつ、だれもがやっている義務や慣習に対して「そもそもそんな慣習必要あるの?」と抗議する運動も、「ひがみだろ」「私怨じゃね」とみられやすい。たとえば、2009年頃からはじまった「就活のバカヤロー!」「就活くたばれ」デモがあります。こうした運動に対して「みんなやってるんだから……」「どうせお前らが大したところに就職できないからやってるだけだろ」と批判の声が上がりました。「はいはい、ひがみおつ。」みたいなやつね。

ただ「就活くたばれデモ」の目的は、別に「俺たちがいい職に就けないからなんとかしてくれ」ということではないんですよ。日本には、新卒一括採用という雇用慣行があります。これは多くの企業が、大学や高校、専門学校や短大を卒業する予定の学生をある機会に一斉に採用して、卒業後すぐに勤務させるという仕組みです。だから、採用のための選抜は、学校に在学しているうちに終わらせなきゃいけない。このシステムだと、学校に勉強しに来ているはずなのに、現実的には就職活動ばっかりやっていることになる……。それに対して疑問を呈《てい》したのが、「就活くたばれ」「就活のバカヤロー!」デモだったのです。

それで、結局意味あるの？

ここまで、人は――とりわけ日本に住んでいる人は――なぜ「社会運動」が苦手かということを明らかにしてきました。

こう考えるとまるで日本人だけが特別「わがまま」嫌いのように見えますが（もちろんそれはそうなのですが）、海外にも社会運動なんてやるだけ損で、むしろやっている人のほうが珍しいんだ、と論じる人もいます。マンサー・オルソンという経済学者が「フリーライダー問題」の議論を行っています（『集合行為論』、1996年）。

廊下が寒いにせよ、購買のパンの種類が少ないにせよ、だれかが実際に「わがまま」

を言って、学校が動いてくれたとする。するとみんなが暖かい廊下を歩けて、購買のパンも買えるようになる。こうなると、実際に「わがまま」を言った人のほうが学校との交渉に時間や体力を使ったわりに、「わがまま」を言わなかった人と同じ利益しか得られない。だから言わないほうが得だ、ということになる。これがフリーライダー問題です。

そのためオルソン以降の研究者たちは「なぜ、それでも『わがまま』を言う人がいるのか？」という問題に、強い関心を持つようになりました。こんなに損するにもかかわらず「わがまま」を言うということは、何か「わがまま」を主張するポジティブな理由があるはずだ、と彼らは考えたわけですね。

では、それでも社会運動をやる人がいる、「わがまま」を言う人がいるのはなぜで、そこにはどういった意味や意義があるのでしょうか。

わがままはきっかけづくり

ダメ押しでもうひとつよくある「わがまま」批判をしてみます。「社会運動、やっても意味ないいじゃん。やっても社会変わんないいじゃん」。こうした批判もよく見られるものです。

社会運動について、これまで紹介したような感想（批判？）をいただく場合、そこで想定されている社会運動の意義は「国や自治体レベルで、あるいは制度レベルでの何らかの根本的な改善がみられること」であることが多いように思えます。具体的に、法律が変わるとか、賃金が上がるとか、そういった社会の変化が求められている。

でも一概《いちがい》に「社会の変化」といってもけっこう難しい。たとえば貧困状態にある子どもに無料で食事を振る舞う場として、「子ども食堂」が2017年頃から注目を集めています。でも子ども食堂をひとつつくっても、日本に住む子ども全員の貧困が劇的に改善されるわけではありませんし、デモを数回やっただけで政策が変わるわけでもない。

「根本的な改善」を社会運動の「意味」と捉えてしまうと、ああ社会運動やったの、それは意味がないよね、となってしまうことは、目に見えている。社会運動を批判する人が、社会運動の「効果」のハードルをすっごく高く見積もっているところはあると思います。

実際に、社会運動は他のいろいろな政治参加と結びついて、はじめて意味を持つものです。「郎下がさむーい」という人が出てきたら、「じゃあ、今度の生徒会長選挙の公約にしよう」と考える人が出てくる、そこで選挙の争点になると、多くの人がその問題について考えることになるでしょう。廊下を暖かくしたい生徒会長候補が当選して、廊下にエアコンを付けたりすれば、そこではじめて「廊下寒い」問題は根本的に改善されるのですが、社会運動の担う機能は「廊下がさむーい」と言うまでのところです。

ただ「言う」というのが決定的に重要で、これなくしては「廊下寒い」問題は改善されないのです。

さきほどすこしだけ2018年11月に行われたフランスの「黄色いベストデモ」について書きました。運動の結果、政府はデモの要求を受け入れて、税金の引き上げを延期し、最低賃金の引き上げなどを表明しました。

このデモのニュースをネットで検索して見てもらえればわかると思うのですが、「おお、これはちょっとすごいな」と思うくらい、過激で暴力的な印象があります。ただ、それでも政治家が要求を聞いたのは、これだけ多くの人々が関心を持つ課題をなんとかしなければ選挙で負ける可能性があるからではないでしょうか。

廊下が寒いと思ったみなさんが、たとえば——暴動をするかどうかはおいといて——移動教室の際に廊下に出ることを拒否したり、廊下が寒いと一斉に声を上げはじめたら、教員は迷惑と思うかもしれません。あるいは、生徒会長とか生徒会の役員が、「この問題を取り上げれば支持が得られる」と考える可能性もある。迷惑と感じた教員は、スムーズに授業をすすめるために廊下に暖房をつけることを検討することもあれば、「支持を得たい」と思う生徒会長は、暖房用の予算を検討してくれることもありえます。

政治家（この場合、生徒会長）に対して、何をすれば支持を得られるのかを伝え、警告する。あるいはあえて迷惑をかけることで、厄介《やっかい》に感じる人（この場合、教員）に対して要求を通そうとする。この**きっかけづくりが、社会運動の役割**です。

たとえば、私服で通学したい人が、そのための署名活動をしている。ぶっちゃけそんな簡単に在学中に私服通学できるようになるとは思えないかもしれないけれど、その署名をすること、そこに参加することも、それだけで意味があることです。その活動がないと、「そもそも制服ってどんな機能があるんだろう」と考える気にならないじゃないですか。

たとえば一向にサッカー部のレギュラーになれないのは、先生のせいだと愚痴《ぐち》を言う。これってすごく個人的な問題で「自己責任だろ」と思われやすいかもしれないけれど、それでも私は意味があるって思います。それによって愚痴を聞いていた友だちが、他のタイプの「わがまま」を言いやすくなる。コーチが適当だとか、その割に練習時間は長いとか。そうしたら、サッカー部にかかわらず他の問題を浮き彫りにできる可能性がある。

全校1000人の学校で、30人くらいの人が「廊下が寒い」と言って教室に座り込みをしたり、廊下を（寒いけど）デモ行進している。それが現在の日本の状況なわけですが、470人がそれを支持すれば、とりあえず過半数には達するわけです。ただ、だれも言わないだけで、だれかが「わがまま」を言ったら多くの人が支持してくれる可能性は十分にある。

ここで注意していただきたいのは支持する人の数だけが問題ではないということです。少数の人しか問題にしていないけれど、それがすごく重要だということは世の中、いくらでもあります。たとえば、廊下がちょっと寒いということが、ある特定の人の健康状態をものすごく脅かす事態につながる。だとしたら、汗っかきの人とか暑がりの人はすこし大変かもしれませんが、たとえひとりしか寒いと言っていなくても廊下を暖かくする妥当性は十分あるわけです。**社会運動の仕事は、あくまで「わがまま」を公の場に出して、隠れた願望や要求を形にして多くの人に伝えること。**あとは政治家や企業にバトンタッチしても、全然いいのです。

自己満足でもいい

「わがまま」を言って、あとは政治家や企業にバトンタッチといっても、そのバトンを受け止めてくれるかどうかが問題です。政治家は選挙で決まりますが、選挙が投票者の「数」を問題にしている限り、社会運動の背後に多数の「民意」、つまり人々の支持があることを政治家に理解させなければなりません。この数があまりに少数だったら、「わがまま」を言っても政治家はそれを無視するだけです。

つまりこの論理だと、少数派の社会運動は結局「意味がない」となってしまいます。しかし、そもそも社会運動の「意味」というのは、何か法律や制度を変えるということだけにあるのでしょうか。

社会運動論では、1970年代に「新しい社会運動」という理論が生まれました。これは一言で言ってしまえば**「自分を変えることそのものも、社会運動と言えるんじゃないか?」という議論**です。

「新しい社会運動論」では、たとえばフェミニズム運動が必ずしも、女性へのセクハラを防いだり、男女のお給料を平等にすることはできなくても、社会運動に参加した人が「男女平等」という考え方を学び、それで生きやすくなったなら、その運動には「意味がある」と捉えます。

社会運動に参加することで、それまで自分がセクハラを受けているのは個人的な問題だ、お給料が低いのは自分の努力不足だ、と考えていたことが、じつは女性が共通に抱えている悩みやつらさなんだとわかる。さらに、そうしたつらさをつくり出す構造が社会にある、と知ることによって、新しいものの見方を獲得できる。それ自体が社会運動の成果なんだ、とこの理論では解釈《かいしゃく》します。

調査をしていると、一度だけ社会運動に参加したという人にも出会います。仕事帰りに原発に反対するデモに行ってみたとか、貧困問題について考える勉強会に行ったとかですよね。ある人は、仕事が忙しくて、結局その後はあまり活動に参加しなかったけれど、「自分の思いもしなかった社会問題が相互につながっていることがわかって、視野が広がった」と言っていた。

このように、その後継続できなくても、一回きりの活動が何か目に見える成果を上げなくてもいいのです。社会運動に関わるだけで人は視野を広げ、本を読んで勉強したり、ネットで他の人にメッセージを伝えたりするかもしれない。

はじめてデモに行った人が、「自分と同じ意見の人がたくさんいてよかった」と感想を話してくれたことがあります。

それは見ようによっては何も解決していないわけですが、その人にとってはとてもいいことだった。彼女は、自分の周りには政治的な事柄に関する対話がなく、隣の人が政治について何を考えているのかわからないなかで過ごしていたけれど、デモに行って、同じ考えをしている人がこんなにいたんだと思ったわけですよね。そういう**安心感が得られただけで、彼女には社会運動をした意味があった**のではないでしょうか。


これは後で詳しくお伝えするんですけど、いちいち「わがまま」を言うのは疲れるし大変です。だからずっとやらなくていいんですよ。

昔は原発の建設に反対する運動や、労働条件をもっとよくしようという活動や、子ども食堂のような活動に参加していたんだけど、今はなかなかできなくて……と言う人たちはたくさんいます。彼らはたとえば、大工さんとか、整体師さんとか、ＤＪだったりするわけですけれど、みんな仕事がすごく忙しい。

でも彼らの政治に対するモヤモヤとか、社会をこうしたいという気持ちは、きちんと仕事のなかに活きているんです。たとえば大工さんであれば、自然にやさしい建材や放射能の影響を受けていない木材を使ったりとか、整体師さんであれば、お客さんに「あんまり仕事がつらいようであれば、すこし休んだり辞めてもいいんだよ」と伝えるとかですよね。DJの方であれば、社会への抗議を示すような音楽をかけることで社会に対して物申したいという気持ちを伝えていく。

「わがまま」を言ってみて、社会の見方が変わったからこそ、そういうことができるのだと思います。

わがままはアイドルの出待ち？

ここまで見てきたように、一口に社会運動の「意味」といっても多様なレベルがあります。これはみなさんの身近な「わがまま」に関しても同じで、意見を言うだけで意味があるはずなんです。それにもかかわらず、なぜ政治や社会に関して主張をしようとすると、「意味がないからやってもしょうがない」と言われてしまうのでしょうか。これは逆に言うと、政治や社会について物申すことの「特別さ」、「重要さ」を反映しているのではないかと思います。

社会学者の伊藤奈緒さんの研究（「社会運動の参加／不参加選択をめぐる意味構築」、２００６年）では、社会問題に関心を持ちながらも、社会運動には参加しない人の調査を行っています。社会運動は自己犠牲《ぎせい》を伴《ともな》うもので、はじめたら時間も体力も何もかも捧げなくてはならない。遊び半分で中途半端に行うことは許されないから関わらない、という人々の存在を明らかにしていて、とてもおもしろい研究です。

この伊藤さんの研究結果をみても、**社会運動とか政治的なものに、私たちは何か過大な期待を押し付けすぎ**なのかもしれません。その期待こそが、「わがまま」を言い出したらずっとそのことに関わらないといけない、言い出したら最後までやらないと批判される、と行動を躊躇《ちゅうちょ》させる空気をつくっているのではないでしょうか。

「だれかのため」と言うと何か偽善っぽいと感じる。「権利を主張する」だとなんとなくわがままだと感じる。「社会が変わるまでやらないと意味がない」とか「最後までやらないと批判される」とか思う人もいるでしょう。

でもあまり気負わなくてもいいと思います。

そこで難しく考えずに、とりあえず**「わがまま」を言うことを、「アイドルのファン活動をする」くらいのことだと考えてみてはいかがでしょうか。**ファン活動でもお菓子作りでも、スポーツでもお化粧でもいいんですけど、だれかと集まって、あるいはひとりで、自分にとっていいことをする、というような。

それでいうと、デモに対する批判の類型は「アイドルの出待ち」に対する批判と同じようなものです。出待ちしても成田凌くんや新垣結衣さん（ここは、みなさんの感覚で「他の人がいい」と思うなら、旬の俳優とかアイドルを入れてください。新田真剣佑さんとか？　よく知らないですけど）と付き合えるわけじゃない。

でもいいんです。凌くんのことがただ見たいから行くんだよとか、ガッキーに声が伝わる可能性があるから行くんだよとかでもいいんですよね。なんか、いてもたってもいられなくなって、自分と同じような人、凌くんを推したい人がそこにいるからという気持ちで行くというのもあるでしょう。

前の節でもお話ししましたが、ここに行けば、自分と同じように考えている人がいるから行くというのも、社会運動の果たす重要な機能だと思います。たとえば、廊下が寒い、だから移動教室のときに教室から出ないという抗議行動をしてみたとする。その抗議行動を見て、「あ、他にもこういうこと考えている人いたんだ」と感じることもあるでしょうから。自分と同じ意見の人とだけ接しているのはまずいと思いますが、そういう人が周りにいないから話ができない、だからたしかめて安心してみたいというのは、悪くないんじゃないでしょうか。

何となく社会運動には「未来の社会を変えるんだ！」というイメージがあるんですけど、やっている人自身にとっての「今、ここ」をよくするため、とも言えるわけですよね。社会運動をやっている人に、こんなことしても社会は変わらないし、これ今の私たちにも役に立たないですよ、と言われたら、前の節でもお話したように「いや、好きだからやっている。それで自分が満足できるからやっているんです」と言って肯定する、そういう反応の仕方もできると思います。

この時間で言っているように、「わがまま」の意味をいろいろな方面から考えてみると、「そんなことをやっても社会は変わらねーよ」という悪口も、「いや、所詮《しょせん》自己満足だな」という無力感も、すこしは気にならなくなってくるのではないでしょうか。「わがまま」

の意味にもいろいろなレベルがあると思えば、自分の取れる行動の場も広がるはずです。

具体的な「わがまま」、つまり社会運動の方法については、あとの時間で詳しくお話しますが、たとえば学校や地域といった「社会」、あるいは法律や校則といった「制度」レベルで**何かが大きく変わらなくても、行動する人やその周りの人にとって何か変化があれば、それはその人にとって、社会運動をする意味になる**のです。

長い目で見てみる

社会運動の意味を広く捉えるために、もっとゆっくり結果を待つということもひとつの手だと思います。

さきほどの「社会を変えないから意味がない」という社会運動への批判は、つまり、社会を変えることに対する強い願望の現れと考えることもできます。願望が強いからこそ、人々は手っ取り早く社会運動の効果を求めるのではないでしょうか。

社会がそんなに早く変わるわけないんですが、政治や社会について「わがまま」を言う人たちに対して、私たちは未来に変わる可能性があるにもかかわらず「そんなことしても変わらないよ」とどこかで思ってしまう。それをいったんやめて、**社会運動の効果や意味を長い目で見てみる**ことは有効だと思います。

でも、未来に何が変わるかなんてわかりませんから、今から過去に遡《さかのぼ》ってみましょうか。

たとえば具体的な社会運動や法改正、また統計資料などを示して、「この運動がこの法律に結びついて、こうした変化があって私たちの意識がこう変わった」という言い方もできなくはないのですが、この時間はすこし小難しい話が続きましたので、過去のドラマや映画、アニメと、現在のそうした作品を比較しながら人々の意識の変化を見ていくのがいいんじゃないかと思います。私は漫画が好きなので、漫画を題材に考えてみましょう。

ここ最近、LGBT、性的少数者の方を題材にした漫画が増えてきたように思います。もともと「百合」とか「やおい」と言われ、必ずしも異性に限らない愛情を描く漫画はあったのですが、それがもっと公《おおやけ》に読まれるようになったというか、一般的にコンビニで売っているような漫画雑誌にも掲載されるようになりました。ドラマでも多いですよね、『おっさんズラブ』（２０１８年）とかすごくブームになりましたね。『弟の夫』（２０１５〜２０１７年）という漫画を――２０１８年にＮＨＫでドラマになったから覚えている人も多いかもしれません――描かれたゲイ・エロティック・アーティストの田亀源五郎さんがあるインタビューでおっしゃられていたのですが、ある意味、ゲイの人に対する認知もこの20年間で相当変わってきたそうです。

１９８０年頃、『ＪＵＮＥ（ジュネ）』という、男性同性愛を描いた女性向け雑誌が隆盛《りゅうせい》した時期があった。これもまた同性同士の恋愛が描かれている点では「ＢＬ（ボーイズラブ）」と一緒なんだけど、キャッチコピーが「いま、危険な愛にめざめて――」というものでした。「危険な愛」という言葉は男同士の恋愛がふつうではないものだと意味しているようなところが（たとえ意識していなかったとしても）ある。それに対して「やおい」とか「ＢＬ」という言い方がされることで、「異性愛がふつうのもので、そうでない愛が異常なもの」ではなく、もっと気軽に受け止められるようになったのでは、というお話を田亀さんがされていて「おお」と納得したことがあります。

漫画では、女性の描写にも変化が見られます。たとえば、１９８６年に雑誌『モーニング』で連載された家族をテーマにした『ツヨシしっかりしなさい』（１９８６〜１９９０年）という漫画があります。ツヨシは東京都に住む高校生の男子で、母、姉2人と4人暮らし。お父さんが単身赴任中なので、家には男ひとりなんですが、これがけっこう壮絶にお姉さんとお母さんにこき使われているんです。ただ基本的には仲のいい家族なんですよ。長女の「恵子さん」はすごく美人で、25歳で、企業で受付嬢をやっている。ある日彼女がお見合いをすることになるのですが、お見合いの相手が「好きであんなトシマ（年増）と見合いしたんじゃねェ！」とツヨシにしゃべる。現在の女性の初婚平均年齢が29・4歳（厚生労働省、2016年）であることを考えると、ちょっとびっくりな台詞ではないですか。私はびっくりしました。

1時間目でもお話しましたが、かつては20代前半で済ますべきとされていた結婚が、ライフコースの多様化によっていつしてもよいもの、あるいはしなくてもよいものになったという変化が、この台詞と私の「びっくり」から読み取れます。

たとえが漫画ばかりになってしまいましたが、ドラマやCM、現実の商品の変化などにも人々の意識の変化との関連が見られるかもしれません。ランドセルの色が数多くなったのも、性や好みの多様さを反映した部分があるのかもしれない。あるいは、色が多様になることで、好みについても表明しやすくなったのかも。私が小学生の頃って、ランドセルって黒か赤かのどっちかでしたが、今ではいろんな色のランドセルが百貨店やショッピングセンターに並んでいたりしますもんね。

若い人って、どうしても時間を短いものと捉えがちで、中学生、高校生にとっては一学期だって長いでしょう。それは当たり前だと思います。私は日本で生まれ育ったにしては就職が遅くて、28歳まで学生をやっていて、それで大学の教員になりました。じつは就職面接のとき以外に、今勤めている大学の構内に入ったことがなくて。職員の方に道案内をしてもらうんですけど、「お詳しいですね」といったら「もう40年間勤めていますからね」と答えておられて、それにずいぶんショックを受けました。私、それまで6年以上同じ学校にいたことがなかったので、40年も同じ組織にいる人が存在するんだ、と驚いたんです。

中学も高校も多くの場合3年だし、短大や専門学校は2年前後、大学は4年かそれ以上で、自分が何になるかもわからないときに、社会の長期的な展望なんて、とてもじゃないけど考えられない。

そんななかで私たちは、自分たちの「わがまま」が成功したかどうかを短期的に判断しがちです。ある社会運動をしている人が私に「社会運動って失敗ばかりですけど、長い目で見るとずいぶん変わっていますよ」と言ってくださったことがあります。先ほど紹介した『ツヨシしっかりしなさい』を読んだときにそれが実感としてわかったのをよく覚えています。

あんまりこうしたことを言ってもなんの救いにもならない気がするんですが、たぶん、中学生や高校生の頃って、今いる世界が自分のすべてなんだと感じてしまうこともあると思います。少なくとも自分はそういうことが多かったし、学生さんから話を聞いてもそう思うことはあるというから、ネットが発達しても変わらない部分なのかな。ただ、まあ、それももうすこしの辛抱というか、少なくとも社会はこんなにダイナミックに、ある意味では人々を自由にする方向に動いていますよ。じつはこの言葉は、長く社会運動をやっている70歳位の人からの受け売りなんですけどね。

ただ、「わがまま」を言うのはやっぱり怖いし、浮くし、変なやつだと思われるかもしれない。案外周りは自分のことなんて見ていないものですが、それでも、そう捉えられるかもしれないという危機感は、実際の周りがどうか以上に気になるものでしょう。

だから、「わがまま」への抵抗を減らすために、3時間目では、「わがまま」に寛容になるためのトレーニングをもうすこし続けてみたいと思います。それはすなわち、自分自身が「わがまま」を言うことに前向きになるということでもあります。

ポイント

1 日本人は、とくに「わがまま」を言うのが苦手。
2 イベントやお祭りが迷惑ではないように、社会運動は迷惑ではない。
3 「わがまま」には、ただ法律や制度を変えるだけではない多様な意味がある。

20年前と今を比べてみる

社会がどれくらい変わったのかを実感するために、**20年前と今を比べてみましょう。**課題はなんでも大丈夫です。

私は漫画が好きなので、漫画におけるボーイズラブや女性の描かれ方の話ばかりしてしまいましたが、「ドラマ」でも「CM」でも「ゲーム」でも「スポーツ」でも大丈夫です。何かひとつ、見聞きしているあなたの好きなものを取り上げて、そこに現れているものを比較してみてください。

「もの」ってなんだって感じになるけど、なんでもいいですよ。ドラマにおける制服でも、スポーツにおけるマスコットキャラでも……。その背景に何があるのか、自分なりに「社会問題や政治問題を絡めた形で」考えてみましょう。

① テーマを決める。「家族」「会社」「友だち関係」「部活」など、なんでもOK。より細かく「ジャニーズカウントダウンライブの衣装」でも「甲子園の生んだスター選手」でもOK。

エクササイズ3

② そのテーマに即して、20年前の雑誌、漫画、CM、ドラマ、小説、映画、曲の歌詞など、好きなものをピックアップして見てみる。「2000年代　家族　漫画」「2000年代　映画　刑事もの」など、ワードをいろいろ変えて検索してみましょう。もちろんそれより前でもOKです。検索する言葉（語彙《ごい》）を増やすのも勉強になります。

③ 20年前のものと今のものを比較して、変化が見られるところ、違和感があったところを書き出してみて、だれかに話してみる。

昔のCMを見るとおもしろくて、今見ると驚くようなものもけっこうあります。「コマーシャルの中の男女役割を問い直す会」という、CMをジェンダー的な観点から研究する団体がありました。2000年より前になってしまいますが、この団体が1985年から10年間発行していた会報は、インターネットでも見られます（https://wan.or.jp/dwan/dantai/detail/60）。ぜひいろいろ探してみてください。

これができたら、つぎは上級編です。

変化を説明してみる

まずは統計資料で、20年前から現在にかけての日本社会の変化を調べてみてください。「統計資料」がわからない人は、手順のところに詳しく書いています。年齢別の人口の変化でも、未婚率でも、単身世帯率でもいいですし、何なら恋人のいる男女の割合でもかまいません。

その後で、**あなたの好きな「もの」の20年前と今との変化を調べて、そのデータと、初級者編で調べた「もの」の変化がどのように関連しているか**を考えてみてください。

たとえば20年前と現在の家族を描いたドラマで、子どもの人数はどのように変化しているかを調べたとしたら、日本の少子化率を調べて関連を見てみるのはどうでしょう。ＣＭにおいて「高齢者」はどのように描かれているかを調べた場合、平均寿命の変化と何か関係があるかもしれませんね。外国人観光客数の変化を調べたうえで、ゲームのキャラクターの国籍や肌の色の変化とか、各スポーツにおける外国人選手の割合を調べてみてもいいかもしれません。

たとえその変化が社会的事情によるものでも、まったく他の事情によるものでも、そこはひとまずおいといて、社会の変化と、みなさんの好きな「もの」の変化を連関させて考えるということを重要視してください。正しいかどうかは置いといて、その物事が変化した理由を「社会的に」考えてみてほしいのです。

このエクサイズの目的は、ひとつには社会が変わっている、変わった結果として自分たちが今当然だと思っている生活があると自覚することです。もうひとつは、自分の身近にあることが、もしかしたら政治や社会と関係しているかもしれない、と知覚する感性をつくりあげることです。

エクササイズ4

① 統計資料のなかで、関心のある項目を見てみる。2000年代から2010年代にかけて、その項目がどのように変化したのかを調べてみる。統計資料は、キッズすたっと（https://dashboard.e-stat.go.jp/kids/）や、国立社会保障・人口問題研究所（http://www.ipss.go.jp）サ

変化を説明してみる

イト内の「人口統計資料集」などが利用しやすいです。あるいは「ゲーム産業　統計」「観光客　推移」などで検索してみてもいいと思います。

② エクササイズ3で調べた「もの」の変化を、①で調べた「統計」の変化から説明してみる。もしうまく行かないようなら、エクササイズ3でみた変化を説明できそうな統計資料をもう一度調べてみる。

2時間目とエクササイズを通して、社会がけっこう変わってきたという事実と、その変化に意外と社会運動が関わっている可能性をわかってもらえたんじゃないかと思います。

20年という長い期間とはいえ、日本社会そのものがこれだけ変わっているなら、ちょっと「わがまま」を言ったら案外、短期間で私たちの周りくらいは変えられるかもしれませんよ。

3時間目

「わがまま」準備運動

どこまで「わがまま」言ってもいいの？

1

時間目では、一見自分勝手で自己中心的だと思える「わがまま」も、多くの人を苦しみや痛みから救う可能性があること、そして2時間目では「わがまま」には多様な意味があるのだ、ということをお話ししてきました。

ここまでの話でみなさんに伝えたかったのは、だれかの行動を「自己中」だと思ってはいけない、ということではありません。そうではなくて、隣の人がちょっと空気の読めない発言や行動をしたときに、それを「おかしい」とか「自分勝手」と思うのを、一度脇に置いてみてほしいということです。社会が個人化して他人の事情が見えづらくなっていると知ることで、いろんな人の「わがまま」の背景には、自分にはわからないけれどたしかに苦しみや痛みが存在するかもしれない、と一瞬立ち止まってもらえたらと思います。

さて、この時間ではあなたが「わがまま」を言った、あるいはクラスのだれかが「わがまま」を言っているときに、その内容を人と共有し、一緒に考えていく場所をつくるにはどうしたらいいかについて、社会運動の方法と、陥《おちい》りがちな「つまずきポイント」から考えていきます。

「わがまま」を使いこなすコツを先にお伝えしておくと、「わがまま」の背景を考えること、解決策や結論にこだわらないこと、そして「1か0か」「白か黒か」と二項対立で考えずに、白でも黒でもないあいまいな部分——これを大人は「落とし所」とか言ったりしますが——を意識することです。

まず、「わがまま」を言った人に対して、「あの人の言っていることの意味がわからない」「あんなことを言うなんて、あの人、おかしいんじゃないか？」と感じたときにどうするか、を考えていきましょう。

アウトなわがまま・セーフなわがまま

実際に身近な人が「わがまま」を言っている場面をイメージしてみてください。たとえば、合唱コンクールや体育祭でクラスが一致団結して練習しているときに、同じクラスの子が練習に参加してくれなかったり、いきなり旅行に行ってしまったりする。あなたは「せっかくクラス全体で一致団結しているときに、なんでそういうことするの？一緒に練習しようよ」と思うかもしれない。あるいは、部活の練習で自分のやりたいことばかりやる人も、よくない意味で「わがままなやつ」という感じがしますね。

こんなふうに、合唱コンクールや体育祭の練習にせよ、部活での自分勝手に見える振る舞いにせよ、ある行動を認めるか認めないかで意見が分かれることはよくあります。でもそれで友だちと喧嘩したり、クラスが険悪なムードになったとしたら……と考えると、「わがまま」を言う気分ではなくなってしまいますよね。

何か「わがまま」を言おうかな、意見を言いたいな……と思っているときに陥《おちい》る**ひとつ目のつまずきポイントは、どこまでが「いい」「セーフな」わがままなのか、線引きは**

どこなんだと考えてしまうことです。

この本を読んでくれたみなさんは、自分のなかに「わがまま」を言ってみたい欲求ができたとして、そのわがままが「セーフなわがまま」なのか、「アウトなわがまま」なのか、どっちなんだろうと思うのではないでしょうか。

たとえば、目が悪いから前の席に座って授業を受けたい、あるいは、前の席だといろいろな人の視線を受けて緊張してしまうから、後ろの方の席で授業を受けたい、みたいな話ならまだ「わがまま」を言うに値する、つまり「セーフなわがまま」だ、と理解できるかもしれない。じゃあ、「後ろの席でニンテンドースイッチやりたい」ってのはアウトか？　そのほうが、その人が快適に過ごせるなら、これも「セーフなわがまま」ということになる。でも、学校は勉強をするところという前提を共有するなら、常識的には許容できない、つまり「アウトなわがまま」という人が多いでしょう。

この本では、**「アウトなわがままとセーフなわがままは、主張した時点では判断しない」という立場を取ります。**だから、後ろの席に行きたい理由が「他人の視線にさらされると緊張してしまう」でも、「ニンテンドースイッチをしたい」でも、その良し悪しは、「わがまま」を言う人が決めるものではない。

なぜこの本はこんな立場を取るのかについて、すこし説明します。

私たちが「アウトかセーフか」という判断をする際には、「わがまま」を言う人と聞く人の常識や倫理観が大きく関与しています。そして、自分が理解できない問題については、「アウト」だと判断してしまうことが多くなります。

生活保護という制度は、みなさんご存知かもしれません。自力でお金を稼いだり、第三者からの助けを借りてもなお貧困で、生きていくのが難しい人に対して、自治体が必要な保護を行うという制度です。生活保護を受けている人に対しては、近年激しいバッシング（非難）が行われています。「ほんとうは働けるのに、ズルしてお金をもらっているんじゃないか？」「サボりたいだけなんじゃないの？　みんな頑張って暮らしているのに」というものです。それはある意味で、「先生や周りの視線があると緊張するから後ろの席に変えてほしい」という人に対して、「たんにサボりてえだけだろ」と言っているのと同じことですよね。

私たちの「常識」は、貧困に対して勝手なイメージを形成してしまうこともあります。2016年に、NHKのあるテレビ番組で、貧困状態にある高校生に関するニュースが放映されたとき、その高校生が少なくないお金を娯楽や外食に使っていたことで、ネット上では激しいバッシングが見られました。この本のたとえで言うなら、「ニンテンドースイッチがやりたいから後ろの席に行った」というタイプのわがままとして見なされたことになる。

でも、最新の情報通信機器を持ち、娯楽にお金を費やしているなら、貧困ではない、という思い込みこそ、私たちが「わがまま」を言いづらくなる原因でもあります。

貧困というと、ボロボロの服を着て、食うに困っていて、なんでも100円均一の雑貨を買ってすませるという印象があるかもしれません。これほどに生活に困窮《こんきゅう》している人のことを「絶対的貧困（必要最低限の生活水準を維持するための食糧・生活必需品を購入できる所得・消費水準に達していない、という意味での貧困）」と呼びます。一方で、その国や地域で平均的とされる所得（収入）水準に満たないために人並みの生活を送ることができない、という意味で「貧困」な人は数多くいます。これを「相対的貧困」と呼びます。相対的貧困でも、生きていけるならいいじゃん、と思うかもしれませんが、周りのみんなにとっては当たり前の生活が、自分だけできないのは、とりわけ子どもの心身に非常に大きい傷を与えることになる。だからこそ、「健康で文化的な最低限度の生活」とは言えないわけです。

ただ、「相対的貧困」という言葉を知っていたとしても、私たちはそのイメージまで共有できているとは、とても言えません。たとえば「お金を使わずに済む生活」も、その人に豊かな知識や情報があってはじめてできるものです。漫画が好きなら、それが好きな人と語り合うとか、二次創作をするという楽しみ方がある。情報通信機器がないなら、友だちに借りたりインターネットカフェに行けばいい。でも、貧困な環境に生まれ育つと、多くの場合、周囲の人々と関係ができづらい。だからこそお金を出して情報通信機器を買って遠くの人とつながろうとしたり、娯楽にお金を費やしたりする。私はそうした行動が、「貧困でない」とはとても言えないと思います。

学校の例に戻ると、「学校でニンテンドースイッチがしたいから後ろの席に行く」というのは、いささか「わがまま」のたとえとしてはぶっ飛んでいると思えるかもしれません。ただ、私たちの今持っている「常識」からかけ離れている「わがまま」を考慮しておくことは必要なのではないかと思います。

さらに言えば、「わがまま」を言ったときに「非常識だからダメ」「それはアウトでしょ」と頭ごなしに言ってしまうと、実際に私たちが貧困やハラスメント被害に陥《おちい》ったとき、「こんなこと、わがままだと思われるから言えない」と、自分のつらさや苦しさを表明できない事態につながりかねません。

結論から言えば、**「セーフ」「アウト」は事前に「わがまま」を言う人が判断するのではなく、「わがまま」を言った後にみんなが話し合って決めるもの**です。「これ」とボーダーを決められるわけじゃない。人によって、時によって、場合によって違ってくる。

ただ、2時間目でも伝えたとおり、その「わがまま」に賛同する人数が多いか少ないかによって決まるものでは絶対にないことだけおさらいしておきましょう。

わがままの背景を考える

ともかく「わがまま」の線引きを形式的に決めないことが大事です。そのうえで、だれかが自分の権利を主張したときに、**その理由はどこにあるのか、解決策としてどういったものがあるのかをその都度議論していく**ことが、当たり前だけど常に重要なプロセスになるわけですね。

たとえば最初に例にあげた合唱コンクールの練習にしても、「こいつが練習に来ないのは、何か来られない事情があるのかも……」といったバックグラウンドを意識したうえで、練習に来ないという事実をまず受け止めてみましょう。そのうえで、練習に来られないことが何か他の人が当たり前に持っている要素を持っていないからだとみんなが思えるかどうかは、おそらく時と場合によると思います。だからこそ「たんなるサボりだろ」「いや、でもこいつがサボっているのは家の事情があるからで……」「じつは家が遠くて……」というやり取りのなかで、お互いを理解していくプロセスが、より政治的な課題を解決するための社会運動でも重要になっていると言われています。

なんでこのプロセスが重要になるかというと、1時間目でも言ったとおりで、それぞれ思った以上に異なる出自《しゅつじ》を持つ人々がいるにもかかわらず、その違いが見えないのが今の社会だからです。それは「わがまま」でも「社会運動」でも変わりません。ともあれ、お互いの事情についてよくわかったうえで、この場においてどのような解決策を出すかを考える必要がある。

ここで重要なのは「練習に来ないこと」そのものでなく、「練習をしたがらない理由」(そして、「練習をしなければいけないと多くの人が考えている理由」)についてみんなで考えることですよね。

これは合唱コンクールといった身近な場だけのことではありません。より社会的な問題について考えてみると、今、子育てがとても話題になっていますよね。こういう話題になると、どうしても「保育園を増やさないと！」とか「子連れ出勤しないと！」という、解決策の優劣を競う議論になりがちです。

根本には「家族だけでは子どもの面倒を見切れない。どうすればいい？」という個人の悩みや、「少子化すると仕事をする人や納税をする人が少なくなってしまう。どうしよう？」という国家の悩みがある。そのように議論を開いていくと、「そもそも少子化って悪いことなの？」とか、「家族がこれまでやってきたことのなかで、どこまでが他の人にできることなんだろう」「肉親や保護者じゃなきゃできないことってなんだろう」と考えることができます。

でも、問題の解決策として「保育園を増やす！」とか「子連れ出勤を推進する！」と目的を定めてしまうと、それが達成できるかできないか、という話になってしまって、結果として解決策の選択肢を狭めてしまうのですね。

大本の悩みに目を向けて議論すれば、多様な解決のありようや、解決策に至《いた》らないままでもみんなが直面している困難を明るみに出すことができます。

このことを先ほどの合唱コンクールの例に当てはめると、たんに「練習に行く・行かない論争」だけではない解決の可能性が見えてくる。合唱コンクールなら「ここからここまで家で練習すればいいんじゃない」とか、「遠くから来る人は練習時間をすこし遅らせてもいいんじゃない」とか、そういったものでしょうか。

でも、議論ってとっても難しい。時間も限られるし、自分と他人がまったく違って見えるときに「わがまま」を他人に伝えて、他人と議論を深めていくのはとても大変なことです。

わがままの落とし所？

「わがまま」を言うときの**つまずきポイントその2は、自分がわがままを「聞く側」になったときに「AかBか」「白か黒か」と結論を急いでしまいがちになること**です。ここではどういう結論、というか「落とし所」を考えることができるかについて、実在の社会運動や議論を事例にして考えてみましょう。

こういうことを言っていいのかわかりませんが、私もすべての社会運動に対してその価値を認められるかといえば、ちょっとそうでもないと思うときも、もちろんあります。

たとえばある学生から、「自分は障害がある。大学のAキャンパス（私の働く大学の校舎は、3つの異なる地域にあるのです。ここでは、そのうち2つを「Aキャンパス」と「Bキャンパス」とします）にある図書館はとても遠いから、本が借りられない。だから、自分の家の近くにあるBキャンパスにも同じ本を置いてほしい」とか、「自分は家計が厳しく、働くのに忙しくて、大学に行くことが難しい。図書を郵送で受取可能なようにしてほしい」とか、そういった要望を耳にすることがあります。

私は、それはさすがに自己中心的なんじゃないか、と一瞬ムッとするわけですが、この要望、とりわけ前者のものは、障害学などで「合理的配慮《はいりょ》」といわれる考え方に基づいています。合理的配慮とは、障害者差別解消法で示されているもので、「障害者が壁を感じずに生活できるよう、『過度な負担』のない範囲で求められる配慮」と言われています。公立学校や市役所といった公的な施設では「義務」ですが、私立学校や企業などの民間事業者では「努力目標」とされています。

ここでみなさんが気になることは、「努力目標ってどこまでやねん」「過度な負担のない範囲ってどこまでだよ」ということでしょう。

ただ、**「合理的配慮はこれ！」「ここまでが努力目標！」と定めないことが、「わがま**

ま」を言う側にも「わがまま」を聞く側にも大事になってくる。このケースは議論の結果、合理的配慮が必要と認められない、という結論になったようですが、肝心なのはここからです。

合理的配慮が必要ないから、「あなたの意見はさすがに自分勝手なので聞けません。おしまい」といってそこで終わりにはなりませんでした。話し合いのなかで、どこまでが「障害がある」ことによるもので、どこまでが「家が遠い」ことによるものなのかを吟味する必要があるという論点が出てきたり、市や区の図書館でもあなたの必要な本を貸し出しているところがあるから試してみてはどうか、といったアイディアが話し合いのなかで代替案として提示されたのです。

こうして話し合いを広げてみると、提携している他の大学で自分の大学の本を借りるようにしたらとか、あるいは近くに住んでいる学生さんが「私が貸しますよ」と提案するとか、そういったアイディアも出てくるかもしれませんね。

「わがまま」をめぐる議論の結果、当初の要求がとおることも重要なのですが、そこに至るまでにいろいろな考えが出てくることが大切だと思います。社会運動の言葉でいうと、「オルタナティブ」（今あるものとは異なる新しい選択肢、代替案）というのですが。必ずしも「わがまま」による要求がパーフェクトに叶えられたのではないけれども、それまでは考えもしなかった新しい答えが出てきて、人を救うのではないでしょうか。

「わがまま」を言った結果というのは、「肯定」か「否定」、「YES」か「NO」かの2択で決まることはありません。その間にもっといろいろなグラデーションがあって、この「答えのなさ」を「わがまま」を言った方と言われた方、両方が認識したり合意したりする過程でもあるわけですね。

今回の場合も、障害者の人に対して「合理的配慮にもとづく対応」をとることにはならなかったけど、その人の悩みを議論することで代替案や新しい考え方を提示することができた。

それによって、仕事が忙しい人や大学から家が遠い人の悩みも解決するのであれば、もはや最初の「わがまま」はその人だけのものではなく、障害のある人たちだけのものでもなく、広く人に共有される社会的なものです。

伝え方が悪いと、話を聞く気になりません

つぎにお伝えする**つまずきポイント3は、「わがまま」の表現の仕方**です。じつはけっこう、日本社会では社会運動の表現を許容《きょよう》できない人が多い。

社会運動には路上で行われるものも多くありますが、なかなか激しいと言うか、普段、身近な人とのコミュニケーションで使わない表現もあります。具体例を出すのはあまり良くないかもしれませんが、「保育園落ちた日本死ね」とか、「国民なめんな」といった表現は、ちょっとドキッとしてしまうかもしれません。

過激な表現にひるまない

よく講義や講演の際に伺うご意見に、主張の内容には同意するけれど、デモの場で人々の言っていることが一方的で激しい表現に聞こえる、対話をする気がないように感じる、といったものがあります。

たとえば「国民なめんな」というプラカードを掲げて行進する人々をみて、「何を言っているのかわからないし迷惑だ」という気持ちになるのはわからなくもありません。私が友だちと話していても、なんでデモって「ああいう感じ」なの？　もっとマイルドな表現じゃいけないの？と言われることもけっこうあります。

ここで、こういう言葉を使わざるをえない状況について、すこし考えてほしいと思います。さっき学んだように激しい言葉や表現に対してＹＥＳかＮＯかで捉えるのではなく、激しい言葉を使って批判する人の背景にある事情を考えてみましょう。

まず、デモの場で人々は「激しい言葉しか使えない」可能性があります。なんで政治家との交渉とか選挙での投票じゃなくてデモをやっているのかというと、それまで冷静に話しても聞いてもらえなかったからですよね。**聞いてもらえないから激しい表現になる**。これがひとつです。

たとえば、2016年に「保育園落ちた日本死ね」というブログが話題になって、それほど規模は大きくないのですが社会運動になり、実際に政府を動かしました。「死ね」ってなかなか過激な表現ですよね。でもおそらく、こうした表現を使わなければならないほど切羽詰まっていた。丁寧な表現では、同じ内容のことを言ってもだれにも聞いてもらえなかった。それで激しい言葉を使わざるをえなくなり、結果として多くの人の意識を変え、国を動かした。

もうひとつは「**説明してよ」と言われても、うまく伝えられない怒りを表している場合**。社会的に弱い立場になればなるほど、勉強の機会が与えられなかったり、理論立てて説明できないがゆえに、整理された言葉が使えず、過激な表現を使わざるをえない。

これはフェミニズムの文脈では「**トーンポリシング」と言われる行為と関連しています**。デモをやっている人や過激な主張をしている人に「わかりやすく説明してください」って言っちゃうことが、私もよくありました。でもわかりやすく説明することそのものが、ある種すごく限られた人、今の社会で「賢い」と評価される人のスキルなんです。だからそれをだれにも等しく求めることが、ある人にとってはすごく差別的に感じられてしまう。

このように、あえて強い批判の言葉を使わざるをえない場面、あるいは、使わざるをえない人々のことを知っておくと、「相手が何を言っているのかさっぱりわからない」と感じたときに、視点を変えてその背後にある構造的な問題を考えることができます。

さらに、2時間目でもお伝えしましたが、過激な主張をしている人に対して「あいつらはうるさい、ネガティブなことしか言わないし、批判するだけで対案も出さないし」と言ってしまうと、「わがまま」のハードルそのものが上がっていく。こうした声が増えると、モヤモヤしていることがあって、それを生み出している人や物を批判したいけどできないなあ……と思っている人（私たち自身も含みます）が意見を言いにくい環境を、知らず知らずのうちにつくってしまう。

議論の種にするという意味で、いわゆる「理にかなっていない」ようなものでも意見は重要だし、意見のなかには、一見意味不明なものもあるかもしれない。それに対してもひとまず、私たちは耳を貸す必要があるし、対話をすることが大事です。

若い人だともうわからないかもしれませんが、一時期アニメや漫画のキャラクターを形容する際に「ツンデレ」という言葉が流行ったのです。好意を上手に伝えられなくて表面的にはツンツンしてしまうけど、本当はすごく好意を持っていて、限られたタイミングでデレデレするようなキャラを指すのですが。ある意味、政治的に激しい表現をする人たちって、社会をよくしたいという意味で愛がある。だからすごく「ツンデレ」的な一面があるのかもしれません。

「おうち語」化に気をつける

「わがまま」を聞く側だけでなく、「わがまま」を言う側にとっても表現はすごく難しい問題です。**過激で強い言葉を使う人のなかにいると、だんだん過激な振る舞いを当然のものとして身につけて、知らず知らずのうちに自分たちの常識としてしまう**ことがあります。そして、次第に表現の幅が狭くなってしまう。

山本直樹さんの『レッド』（2007〜2014年）という漫画があります。これは1969年から1972年に行われた若い人たちの社会運動が、どんどん自分たちのコミュニティの内部に閉じこもってしまう過程を描いた漫画です。

彼らはとにかく、自分たちの専門用語で話す。これはなんでかっていうと、政府に対して激しく反抗するような過激な社会運動をやっているから、逮捕される危険がある。だから警察とか他の人にわからない言葉で話す必要があったのですね。

この漫画のうまいところは、彼らのなかで使われる言葉に対して、まったく解説をしないところなんです。まったく解説をしないから、若者たちの運動が外界から閉じていく過程をすごくリアルに描いている。『レッド』で描かれているような過激な社会運動は今の日本にはそうそうありませんが、これと同じことが大なり小なり、社会運動のなかではよく見られるわけですね。

ただ、こういったことは、社会運動だけではなくて他の集団にもあるものでしょう。たとえば、私の実家ではリモコンを「カチャカチャ」と言うんですけど……多くの場合、家の外で「カチャカチャが壊れちゃって」と言っても通じませんよね。それと同じで、あるコミュニティにしか通じない用語や振る舞い自体はどこにでもあります。

社会運動の場合、そういった用語や振る舞いが激しい表現を伴うことも少なくないという感じです。うちの「カチャカチャ」と「保育園落ちた日本死ね」を一緒にしたらさすがに怒られると思うんですけども。

ただ、政治的なことに関する表現は、「カチャカチャ」がわが家の外で通じない以上の問題を孕《はら》んでいるんです。なぜかというと、「表現」がすでにひとつの政治的な立場を表明するものだから。

うちの実家で「カチャカチャ」と言って、かりに私がそれを勤務先とか、親戚の家で押し通そうとしても多分聞いてもらえないし、「いや、俺の実家ではリモコンを『コントローラー』と呼ぶ。だからお前も『コントローラー』と呼べ」という人はそんなにはいないわけですよね。

それに対して、**政治的な問題に関する表現は「これが正しい」という価値観を含むから、反対する人も出てくる。**それが重要な問題になってしまうのです。

「はじめに」で、私はひとつ「呼び方」についての例を出しました。「恋バナをしていても、自分や身近な人の恋人に対して『彼氏』や『彼女』といった言葉を使わない」と書いたのを覚えていますか。これがまさに「表現」をめぐる政治のひとつの例だと思います。

たとえば、女の子に「彼氏いるの？」「旦那さんいるの？」と聞くと、暗黙のうちに「女だから男と付き合っているんだ」という価値観を持って相手を見てしまっていることになる。だから、多様な性や恋愛のあり方を考える人は「パートナー」や「お連れ合い」と呼んだりすることがあります。こうした人の前で「奥さんとどう？」と聞いたら、すくなくとも「カチャカチャ」よりは深刻な事態になるでしょう。なぜなら、性や結婚に対するその人なりの「正しさ」がその呼び方に込められているからです。

この対立は、政治的主張が相容《あいい》れない人の間だとさらに激しくなってしまいます。伝統的な結婚制度や、男性・女性というふたつの性のあり方を支持する人々と、そうでない、もっと自由に結婚や性を捉えようという人々がいる。この人たちの議論は、もう言葉遣いのレベルだけではなく、家族や性のあり方そのものに対する論争になる。

2018年に、衆議院議員の杉田水脈《みお》さんが、いわゆるLGBTと呼ばれるような性的少数者の方々について、子どもをつくれないから「生産性がない」という文章をある雑誌に寄せました。しかし、「生産性」という価値で他人をはかる権利はだれにもありません。こうした言葉を使った背景には、伝統的な家族制度を支持したいだけではなくて、「家族や性のあり方を広く捉える、いわゆる『リベラル』な人たちが嫌い」という価値観もあるでしょう。

これは杉田さんのような主張をする人たちだけに見られる特徴ではありません。杉田さんのように差別的な言葉を発信する投稿に対して、差別に反対する人々は「そういうのやめて」とか「差別だよ」というだけではなくて、「これだから差別をしているような人はバカ」と見下したような過激な反応を返してしまうこともある。そうなれば、一層、お互いの溝は乗り越えがたいものになってしまう。

このような対立は、ＳＮＳなどでより顕著に見られます。『ツイッターと催涙ガス』という本を書いたゼイナップ・トゥフェックチーは、ツイッターやFacebookといった**ＳＮＳ自体に人々の対立を煽《あお》ってしまうような作用がある**と言っています。社会運動をするなかで用いられる表現は、人々を分断するような過激な言動が避けられずつきまとってしまう。対立するふたつの主張の間を取り持つような言葉がなくなってくるというお話をしています。

対立する主張のなかで、「自分は中立だ」とか、「自分の立場は自分でもまだよくわからない」という言葉は書きづらい。書いたとしても、サポートしてくれる味方がいないから、すぐに「論破」されてしまったり、拡散もされなくて、そのままタイムラインに流されてしまう。そうすると、自分はどっちかわからないといった主張の中間点になるような人の層が見えなくなって、極端な主張だけが目立つようになっていく。こうしてどちらでもない人たちは、よけいその空間に居づらくなってしまう。

ただ、極端な主張をしたがる人も過激化したくてしているわけじゃなくて、自分と対立する人の「論破」や同じような人との同意や共感を繰り返すうちに、自分たちの振る舞いや言葉に染まっていってしまうというわけです。

「〇〇派」を超えて言葉を伝えよう

とはいえ「保育園落ちた日本死ね」とか「国民なめんな」といった言葉に、みんなが一緒にノれるかというと難しいだろう、という感覚があるのもわかります。そうした発言が意味するところを、具体的に説明してほしいと思う人がいるのは自然なことかもしれません。

たとえば、原発の建設に反対するにしても、賛成するにしても、社会運動を続けていくなかで、自分たちに通じる言葉——うちの実家の「カチャカチャ」だとたとえとして幼すぎるかもしれませんが——ともあれ内輪《うちわ》の言葉でしゃべってしまうことがある。でも、「国民なめんな」にせよ「パートナー」や「連れ合い」といった呼称にせよ、特定の政治的課題に関心を持つ人にとってはふんだんに意味のある言葉です。ただ、そこに含まれる豊かな意味や、それを使うことで積み重なってきた社会運動の歴史は、そのコミュニティの内部にいる人にしかわからない。

知らない人に教えてみる

自分が主張をする側になったとき、自分の話している言葉がそのコミュニティのなかでしか通じない用語であると気づいて、もっと広い人に伝えるためにはどうしたらいいでしょう。ここでは、意見が同じような「味方」同士の空間を超えて、その間を取り持つ言葉をどうやってつくっていくかについて、すこし考えてみましょう。

まずは「その問題を知らない人と話す」ことです。**その問題について、自分より知らない人に説明してみたり、意見を聞いてみたりする**ということですね。たとえば小学生とか、中学生とか、自分よりも年下であったり学年が下の人が多いでしょうか。

部活のミーティングなどで、上級生ばかりが話していてキャリアの浅い下級生はなかなか発言できないことがよくありますよね。それはまだ入ったばかりで知識がないからとも言えるんだけど、一方でその部活で当たり前とされることを知らない新入生だからこそ、新鮮な意見を言ってくれることがある。

私の場合は大学で教えるときに、つい説明もなく「マイノリティの人々が……」と言ってしまって、慌てて「マイノリティというのは、少数派という意味で」と言い換えることがよくあります。

ここで重要なのは、知らない人と接するときに、**「知らない」という事実に対して怒らない**ことでしょうか。たとえば「先生、なんで原発に反対しないといけないんですか」と学生さんに聞かれたら、「すこし調べればわかるんじゃないか」と、ちょっとイラッとしてしまうこともありますが、私たちが知っていて当然とする知識は、「カチャカチャ」のような、限られた人同士で共有された知識の可能性もあります。

社会運動って、勉強熱心で、その分野に知識のある人の間でやる行動なので、「知っている」ことを前提に、さらに知識を得ることに熱心になってしまう。だからこそ、その問題を知らない人には「勉強しなよ」と感じてしまうこともあると思うのですが、あえて自分から説明することがあってもいいのではないでしょうか。それが一種のトレーニングになって、より社会に届く言葉を得られることもあるはずです。

けっこう人間って横着《おうちゃく》なもので、コミュニティのなかでよく使われている用語があると、それを説明する努力を怠《おこた》ってしまうことがしばしばあります。

私自身もこういう仕事を続けて、いろいろな人に発信をしていくなかで、まだごく狭い範囲ですが、自分と政治的な考え方が近い人が周囲に来てくれるようになりました。それってすごく楽なんです。言おうとしていることが簡単に通じる。共通の知り合いや、お互い知っている有名人の名前を出して、「だれだれさんが」と言ったり、共通の思い出を指して、「あのときの……」と言えばすぐにわかってもらえるから。

だからこそ特定の方向に深く議論できることもあって、それはとても嬉しいんだけど、物事を説明したり解釈《かいしゃく》したりするための努力を怠っているところもあるわけですよね。話が通じちゃうことにあぐらをかいて、説明の手間を省いているところがある。

ただここで注意。**何がなんでも「説明しなければいけない」というプレッシャーを感じる必要はありません。**たとえば、ハラスメントや嫌がらせのように、理不尽な目に遭って、うまく言葉にできない、でも声を上げたい、という人もいるでしょう。そういう立場で「この思いをうまく説明しなきゃ」とか「他人にも理解できる言葉にしなきゃ」

と努力をすることは、だれがどう考えたってつらいものです。

「知らない人に教えてみる」ことは、自分は今、自分と同じような人の空気に染まりすぎているなとか、より多くの人に知ってほしいな、と思ったときに、じゃあ試しにやってみようかというくらいの軽い気持ちで試してみるといいと思います。

イベントを大事にする

自分のいるコミュニティにしか通じない言葉を使うのをやめないと……、と思っていても、そもそも自分と違う人と対話するチャンスがないのでは「わがまま」以前の問題になってしまいますよね。

そこで「イベント」を大事にしてほしいなと考えています。日常の繰り返しをしていても、他のクラスタ（「グループ」のほうがいいですか？　みなさんにとってわかりやすい言葉に脳内で置き換えてください）の人とは仲良くなれないけれども、学校祭や体育祭なら違うかもしれない。学校祭で自分とは違うクラスタの人と一時的にでも仲良くなる、それによって、クラスタは違うけど進路が同じなんだ、だったら授業に対する不満は共通してるな、とか、そうしたつながりの可能性を見いだせるはずです。

SNSでは普段つながっている人としかやりとりしないことが多いだろうし、日常の繰り返しでいきなり違う人に話しかけるのは勇気がいるでしょう。周囲からどのように見られるかも気になるでしょうから……。

だから**イベントが人をつなぐ役割ってけっこう大事**なのかな。それは移動教室とか、席替えとか、選択授業とか、イベントとは言いづらいけど環境がちょっとだけ変わるという意味では同じですよね。

なかなか他の集団と交流する機会がない、だからイベントを大事にしようという動きは社会運動でも起こっています。近年になるにしたがって、社会運動はどんどん専門別に分かれていきます。たとえば、森林保護や生物多様性の問題は環境運動の団体が、女性や少数民族の問題は人権団体が、といった形で、どんどん専門的な組織がそれぞれの社会運動を行うようになってきたのです。その専門は、さらに細分化されてきた。

たとえば最初は「人権団体」と名乗っていても、女性も男性も少数民族もLGBTも、それぞれの指す「人権」の内容は違うわけで、そうなると変えるべき法律も要求される知識も違ってくる。だからその人権団体も専門へと分かれざるをえないのは当たり前なんだけど、専門の間のつながりが弱くなってきちゃうんですね。つながりがなくなると何がまずいのかというと、「あ、そっちは女性の人権を扱ってるのね。うちは少数民族の権利だから違うね」と、暴力の被害とか貧困とか、本来は女性と少数民族でつながれる部分の多いテーマがあっても気づかず、すれ違ってしまう。

こうして専門に分かれた多様なテーマの運動家たちが集まる場となったのが、「反グローバリゼーション運動」と呼ばれる社会運動でした。

政治や経済のグローバル化が進むと、先進国の大企業や政府ばかりが、自分たちが得をする貿易を進めて、そのぶん発展途上国の人たちが貧困に追いやられてしまう。それではいけないからグローバル化を進める企業や政府に「わがまま」を言おう、という社会運動です。この運動では、途上国で生きる貧困層の人々の生活をなんとかしたい人も、経済政策に関心のある人も同じ場所に集まり交流することができた。専門に分かれてばらばらになってしまったみんなが集まれる機会をつくったことが重要でした。

反グローバリゼーション運動に集まった人々の話で興味深かったのは、途上国の農業の話です。農業は、自然環境に深く関わっているという意味で環境問題でもあり、食糧の問題でもあり、同時に女性と子どもの問題でもある。なんでかというと、地球温暖化によって水位が上がってしまう。そうなると農地が減る。農地が減るとどうなるかというと、収穫できる農作物が少なくなってしまうから食糧も乏《とぼ》しくなる。食糧が乏しくなったとき、栄養失調になりやすいのは成人男性に比べて身体の弱い女性や子どもだろうということになる。そうなると、食糧問題や環境問題だけでなく、健康や公衆衛生、女性、子どもの問題になってくることがわかる。そういう問題同士のつながりが、一緒に議論することによって見えてきたのです。

もうひとつ大事な点は、反グローバリゼーション運動が堅苦しい会議の場だけで行われたのではなく、デモもあるし、ライブもキャンプもあるよ、というようにいろんな運動の集合体みたいな空間を目指していたことです。だから参加のハードルが下がって、あまり関心のない人やよくわかってない人も参加できたのがとてもよかった。政策や協定を考えて提案するようなＮＧＯ（Non-Governmental Organization、非政府組織）の人々もいれば、道路で座り込みをするような人々もいる。とりあえずライブがあるから来たという人もいて、お互い最初は相容《あいい》れなかったりもするんだけど、みんなが集まることで、「なんで座り込みなんかするの？」「政府に要求なんかしても聞いてくれないいんじゃない？」と聞き合うことができる。
話をみなさんの身近なところに戻すと、学校のなかで意見が違う人がいるとして「この問題について話し合う場所を設けます。来たい人は来てください」といっても、来る人は一部でしょうし、どうしても決まった人になってしまいます。そう考えると、学校祭とか体育祭が、**じつは自分と異なるかたちで、でももしかしたら同じような「わがまま」を言いたい人たちとの出会いの場になり、根っこの不満を共有できる**、そういう役割を果たせるのかなと期待しています。

より身近な日本の社会運動だと、2018年から京都大学の学生が起こしたキャンペーンが話題になりました。「おもしろくも変人でもない京大」というキャンペーンです。京都大学だけでなく他の大学にもありますが、大学には「立て看板」という、イベントの告知などをする看板を立てる文化があります。京都大学の立て看板はとくに自由です。インターネットで検索してもらえばわかると思うんですが、たんにイベントやシンポジウムの告知だけじゃなくて、ほんとうに自由に政治的なことを書いたり、社会への意見や不満を書ける文化がある。でも大学側が、それまでキャンパスの構内や周りに自由に置かれていた看板の設置を規制してしまった。さらに「吉田寮」という学生寮があるんですが、そこに住む学生全員を寮から退去するように要求したんです。

これに反対した一部の京大生たちは、真面目に「立て看板立てさせてよ！　学生の自由な主張を妨害しないで！」「学生には住む権利がある！」といって抗議するだけではなくて、おもしろい立て看板をつくったり、寮のなかの案内ツアーをして学生の文化について広く知ってもらったり、というユニークな活動をやったんです。こうすれば、「何かおもしろいことやってるぞ」というタイプの人も参加しやすくなるし、その結果としていろんな人が集まって考えも深まる。

そういう意味で、**イベントを大事にするのと同時に、社会運動をイベントっぽくする**のもありなのかなと考えています。

いろんな大人に会う

1時間目、2時間目でお話したことは、とにかく「自分とは、考え方も生き方もまったく違う人々がいる」ということと、「正解がある問題ばかりではない」ということです。

そのなかで周りの人の「わがまま」と向き合い対話をしていくために、まず「人の話を聞く」土台をつくるということと、「人に話をする」土台をつくるということ、その「人」にはいろいろな背景や生きてきた経緯があるのをよく理解すること、という話をしてみました。そのためにはイベントなどを通じて多様な人と接するのが重要だ、というのが、3時間目のまとめです。

ただ、イベントというとパリピ感が強くなってしまう側面は否めません。そういうものが内心楽しかったとしても、「あいつそういうの好きなんだ、ふーん」と言われるのがシャクだ、という人もいるでしょう。

そうした方は、ぜひ、学校でも家庭でもない第三の場所をつくってください。塾や予備校、スポーツクラブといった場所がそうなっている人もいるんじゃないでしょうか。ただ、「そもそもそんなに都会に住んでないし、うち田舎だし」と思っている人もやはり多いでしょう。そういう人向けのテクニックも、これから紹介していきます。これほど多くの人がスマートフォンを持っている状況であれば、インターネットの趣味コミュニティなどもよいのかもしれませんが、怖いと感じる人も多いでしょうから……。

すでに居場所を持っている人も、持っていない人も、**新しい居場所づくりにチャレン**

ジしてみましょう。探すコツとしては、「自分と『違う』人が多いかどうか」、また「大人数すぎないかどうか」です。性別、年齢、職業、国籍などなど、違う人が多ければ多いほどいい、という言い方をいったんしておきます。

もちろん、自分と年齢も職業も違う人と会うのはリスクも大きいし、多分みなさんの周りの大人の方、たとえば学校の先生も保護者の方も嫌がるでしょうから、なるべく安全な探し方をここで一緒に考えてみます。

たとえば英会話教室にしろ、ピアノ教室やカルチャースクールにしろ、子ども向けだったり学生の受験対策を目的としたような自分と似た人が集まるところではなく、多くの年齢の人が集うような教室を探してみましょう。公民館や区役所の貼り紙やフライヤーといったものを参考にしてみてください。お家が町内会に入っているなら、たびたび家に回ってくる回覧板にそういうお知らせがあったりします。まあ、一見「ダサい」デザインのものも多くて、「こんなの若い人来ないよ……」と思うかもしれませんけれども、むしろ、それがここではけっこう重要だったりします。

かりに町内会のお知らせやビラを見て、何かの催しに関心を持ったとして、そんなところに行ってもだれとも話せないよ、と思う人も多いかもしれません。ただ、こういう場所はベタにお年寄りや年長の人が多いので、若い人は歓迎され、必要以上にかわいがられる傾向があります（それ自体あまりいいことではないかもしれませんが、みなさんの感じる参加へのハードルは減るかもしれません）。

ここで何を学んでほしいかというと、**「自分とは異なる人の存在」と「親とは異なる大人の考え方」です。**「家族」みたいなものから、一旦外れてみることもけっこう大切です。いろんな学生さんや生徒さんに聞いてみると、彼らがよく言うのは、「親と違うとなんか不安」ということです。そりゃそうだ。幼い頃から生活をともにしてきて、働いて自分の衣食住を支えてくれる存在でもあるんだから、その人たちと価値観が同じでないと不安というか、「正しく生きてきた」感じが得られないのも、またたしかでしょう。

親御さんや保護者の方を好きなことはすごくいいことですが、その一方で親は自分とはちょっと違う部分がある人間なんだ、と考えてみるのもいいと思います。たとえば、就職活動にしても、親御さんに相談する人はきっと多いでしょう。それは全然否定すべきことではないのですが、親とみなさんとは、生きている社会が全然違うんですよね。まず世代が全然違うから、社会が学校に期待している機能も違うし、仕事のイメージも大きく違うはずなんです。

大学の学生さんに、就職先を決めるとき、だれに相談した?と聞くと、多くの人は「親」と言います。親と子の間にそれほど意見のくい違いがない家族関係がある。社会学者の土井隆義さんが明らかにしているのですが、中高生の親が「子どもと意見が合わない」と感じる10項目をあげる調査で、1982年以降は「電話のかけかた」以外の全項目の割合が下がったといいます（朝日新聞、2018年12月22日）。これを土井さんは「親や教師が『共通の敵』ではなくなった」とまとめていますが、親や教師が「敵」だった時代があったことに、むしろこの本を読んでいる多くのみなさんは違和感があることでしょう。

もっとも身近で仕事をしている大人なのですから、就職するときに親の意見を参考にするのは当たり前ですよね。ただ、親や保護者の世代だと、メーカーや日系企業に人気や勢いがあったかもしれないけれど、お子さんの時代はIT企業や外資系企業のほうがよい労働環境を提供してくれるかもしれない。そもそも仕事に対する考え方が違って、早くに仕事をやめて社会貢献をしたり、転職や副業をする生き方だって当たり前だったりする。たとえ生まれたときから一緒に過ごしていても、生きてきた社会環境の違いはとても大きいです。一緒に暮らしていて、年長者で、生活を支えてくれていて、信頼できる親でも、たくさんの違いが見えてくるはずです。それは、政治や社会に対する考え方についても同じことです。

じゃあ、だれを信用すればいいのか、という話になる。「親も信用するな、上の世代はあてにならないっていうなら、だれを参考にすればいいの」と考える人もいるでしょう。「自分の考えを確立させる」って、すごく難しいことですし、私もほとんどできていません。

たとえば、2時間目でもすこし言及しましたが、好きな有名人が――これは必ずしも専門家や知識人でなくても、芸能人などでもまったく構いませんが――社会的・政治的な事柄について意見するのをテレビやSNSで見ることはよくありますよね。こうした好きな人の意見を参考にするのもひとつのやり方でしょう。ただ、それが「怖い」という気持ちもあるかもしれません。考えなしに「有名だから」「好きだから」といって、他人の意見に流されてしまうことは、どちらかといえばみなさん抵抗がありそうです。ここでお伝えしておきたいのですが、**「他人がそう言うから自分もそうする」という意見のつくり方というのは、必ずしも否定されるべきでなく、大人にとってもある程度「ふつう」のことでもある**のです。

人に誘われたから、自分の組織のリーダーがこうだから、この政党に投票したとか、こういう政治的意見を支持するとか、そうした人は沢山います。たとえば、「うちの会社ではみんな〇〇党支持だから、私も〇〇党に投票する」といった判断は、それほど珍しいものではありません。

でもみなさんはきっと「よく考えて進路を選びましょう」とか、「将来のことを見据えて進学しよう」と、「自分でよく考える」ことを強く要請されているから、こうして「周りに流される」ことに抵抗を抱いてしまうのでしょうね。だからといって何かを判断する知識もないと感じているから、立ち止まったままになってしまう。私はこれを悪いことと思わないし、みなさんのせいでもありません。

1時間目にもお話した「個人化」という現象を思い出してください。かつては社会を構成する人々が「層」としてあった。たとえば、同じような職業や性別であれば、だいたい同じような社会的利害があると考えられてきたわけです。同じ家族の構成員であれば、同じ学校の生徒であれば、同じような行動様式で、同じような選択をするのが社会的に得と考えられていた。つまり、自分の周囲に流されて、それである程度損をしない時代というのがたしかにあったのです。

それが過去となりつつある個人化の時代において意見を形成するためには、いろいろな考え方を知ってみる必要があります。そこで、**まずは自分に暗黙の内に強く影響を与えている人と離れてみよう、そのために、これまでと違う大人と出会える場所に行ってみよう**、というアイデアを提示してみました。

大学に行ってみよう

ただ、やはりこういった提案をしても、「怪しくない?」「怖くない?」と思う人が多いんじゃないでしょうか。そんな人のためにおすすめの選択肢は、「大学に行ってみる」ということです。

中学でも高校でも、議論型の授業があったり、レポートを自由に書くことのできる授業はあるかもしれませんが、多くの人は期末試験や進学を視野に入れて授業を受けるでしょうから、勉強でも「正解」を求めてしまうと思います。

もちろん、それはそれで、知識を吸収するにはとても重要なプロセスです。基礎的な知識がなければ、「正解のない問題」について考えることもできませんからね。ただ、「**正**

解のなさ」にも直接触れてみてほしい。そのために、まず大学に遊びに行くというのはいかがでしょうか。

大学にはオープンキャンパスという行事があって、主に大学進学を視野に入れている高校生向けに、公開授業や学部の説明をしています。こうしたイベントは公開しているのでだれが行っても問題ないですし、中学生や小学生であっても来ている人がいます。また、大学によってはオープンセミナーや公開講座を市民向けに開催しているところもあるので、そういった場所に足を運んでみてもいいでしょう。

私のクラスには高校生が見学に来ることもあります。大学は基本的にはその大学の学生向けに講義をする場所なので、こうした形での参加を許可してくれる先生は限られるかと思いますが……。ただ、そういう可能性があると知るだけで、視野が広がることもあるんじゃないかと思うので、一応、伝えておきますね。

さきほどお伝えしたように、公民館とか市民センターで開催されている講演会やシンポジウムに行くのもおすすめです……が、おそらく大学に比べて、「偏っているんじゃないか」とか、「考えを押し付けられるんじゃないか」と不安に感じる人もいるでしょう。もちろん、どこでも「偏って」はいる、ただ、その偏りを説明してくれる場所としての性格が、大学にはあると思います。このことについて、次ですこし説明しますね。

「中立」も「偏り」も、そんなにこだわることじゃない

みなさんが抵抗を感じることのひとつに「偏り」があるのではないでしょうか。何となく「中立」というと、みんなと同じっぽいし、「正解」っぽいイメージがある。逆に「偏っている」というと、まあ大体悪口ですよね。

マンハイムという社会学者がいます。この人は、社会に対するどういう考え方も思想も、その人の立場とか時間に縛《しば》られてできているという「存在被拘束性《ひこうそくせい》」があることを示しました。それまでの科学はあらゆる立場を超越《ちょうえつ》できる、何か他よりすぐれた地位にあるものだと考えられてきたのですが、マンハイムはそれを批判した（『イデオロギーとユートピア』、2006年）。**どんな知識も、あくまで物事を捉える「見方」であって、どこかの立場からものを見ている以上、すべてを見通すことはできない**ということが、ここから言えると思います。

私はスイーツを食べるのが好きで、写真を撮ってSNSに載せるのも好きなんですけ

ど、経験上、パフェを撮るのがとにかく難しいのです。高さや幅があると、全体像が掴《つか》みづらい絵になってしまう。複数人で食べる用のでかいパフェとかほんとうに最悪で、下手するとバナナだけの写真とかチョコレートとクリームが層になっているところだけの写真になってしまう。上から全体像を入れようとしたら、どれくらいの高さなのかわからない。高さがわかるように撮ろうとすれば、上に何が載っているのかわからない。社会に対する見方とはこのようなもので、だれがどう撮っても偏るし、全体像はわからないんです。

マンハイムの議論を踏まえると、大学であれ、カルチャーセンターであれ、どこで学ぶ知識も偏っていることには違いがない。そして、偏りなく社会の全体像を見られる社会科学の道具もありません。

そういう意味でも、もし「どこかに行きたい、でも、偏るのが怖い」という人には、マンハイムの考え方を知ったうえで、大学の知に触れてみることをおすすめします。社会はでかいパフェのようなもので、この人の切り取り方はパフェの上の部分とか側面とかを写したものなんだ、と思えば、「偏り」も怖くないでしょう。

もうひとつお伝えしたいことは、私たちはだいたい偏っているから、何もしないのが「中立」ではないということです。たとえば、選挙で投票する際に参考にできるツールのひとつに、各新聞社が提供している「ボートマッチ」というサービスがあります。いろんな政策に対して「賛成」「反対」を入力すれば、自分にもっとも政策の好みが近い政党を教えてくれるサービスです。これも学生さんたちに勧めると、「でも、特定の企業や組織が提供しているものでしょう。偏っていないんですか?」と言われたりします。この質問自体が、「中立」への強い欲求を反映していることがわかるでしょう。でも、そんなものどこにもないってこともまた、十分わかってもらえると思います。

何が正しいのかは、その都度、自分なりに考えるしかありません。自分にとっての「正しさ」はいろんな偏りを経たうえで自分で組み上げていくものでしかないわけです。でも正解がないなかで、自分なりの正しさを追求してみよう、と言われても難しいですよね。ですから、自分なりの正しさを組み上げるためのひとつのステップとして、**多様な人々に会ったり、今まで知り合ったりした人々の他の面を知ってみながら、「正解がない」という事実に、まずは慣れてみましょう。**そういった気持ちを込めて、ここでは「今まで行ったことのない場所に行く」という提案をしてみました。

もちろん、普段自分が受けているものと違う授業という意味では、塾や予備校の授業もいいきっかけになりますよね。さすがに他の学校の授業を受けに行くわけにはいかないでしょうが、もし高校や自治体がやっている公開講座があったら、そうした機会も利用していいのではないでしょうか。一度きりでも重要な機会になります。

「うちの地元に大学はねえよ」

でも、みんながみんなそんなに積極的でもないことも、よくわかります。自分もおとなしくて、自己肯定感の低い、いわゆる「陰キャ」（私の世代では「非リア」といいました）なほうなので、そういうところに行って自分が受け入れられる自信もないほうですし、高校時代の私にそんなことしろと言っても「絶対無理。怖いし」としか言わなかったでしょう。もっと言うと、大学での講演会とか、市民センターでのセミナーとか、基本的にはそこそこの人口規模のある都市だからこそ見つけられるものであって、「そもそもそんな都会に住んでないよ～」という方もいらっしゃるはずです。車で送り迎えしてもらうのも大変でしょう（ちなみに「うちの地元に大学はねえよ」というこの小見出しは、私が友だちに言われたものです)。

そこで、そんなモジモジ系なあなたも、田舎住みのあなたも、もうすこしおとなしいやり方で「正解」から離れてみる方法を考えてみましょう。

本はもっとも重要な手段だと思います。学校には必ず図書室があるし、あなたの住む市町村にも図書館があるはずで、そこに行ってみて、何か気になるテーマの本を手にとってみればいい。意識の高い図書館だとイベントをやってたりもしますから、そういうものに参加してもいいと思います。これは「大学の知に触れる」ことの延長線上ですね。

こう言うと、「どんな本がいいですか?」という質問が必ずでてくるし、私が学生でも多分そういう質問をするんだろうと思います。こういう本を読むくらいだから、みなさん多少なりとも「社会派」な本じゃないとダメかと思うかもしれませんが、小説でもエッセイでもいいですよ。少なくともここでいう読書の目的は、自分と違うものに触れる、ということなんだから。

あるいは「**新聞**」「**雑誌**」**もおすすめ**です。コンビニエンスストアでも手に入るし、比較的安価ですから。これらのいいところは、リアルタイムで「参加」できるところ。つまり、より「人に出会う」実感が得られるところです。

とくに、新聞の「投書欄」はなかなかおすすめです。この欄には社会に不満を持っている中学生や高校生もけっこう投稿しているので、周りにあまり政治や社会について語れる友だちがいなくても、「お、同じようなこと思ってる人いるんだ」と感じられるというメリットもありますし、実際に自分の気になることを書いて投書することもできる。

趣味の雑誌にも投稿欄がありますから、そこでやってもいいでしょう。より自身の趣味に近いところで意見を交わせて、他の世界にいる人と出会うことができる。「SNSを禁止されている」「ネットを制限されている」という人はそこそこいるかもしれませんが、「新聞を制限されている」という人はあまりいないでしょうから、その点でもおすすめです。

でも、新聞や雑誌は、いくら百数十円、数百円といってもお金がかかります。**ちょっとコスパが悪いなという人にはラジオをおすすめします。**ラジオって安いのだと500円くらいで買えて聴き放題なんですよ。イヤホンを100円均一で購入しても、合計600円くらいなので小学生のお小遣いでも買えるくらいですよね。スマートフォンアプリで「Radiko」というのもあります。

私は小学生の頃から親の目を盗んで、深夜から朝までラジオを聴いていたのですが、そこには学校とも家とも違う世界が広がっていました。そこで、「自分と違う人」の存在を認識したし、そこにハガキ（もう「ハガキ」じゃなくて「メール」かもしれませんが）を投稿することで、自分と違う世界とつながれたような安心感がありました。

ただ、ここまで言っても、知らない人のことはそもそも怖いよ、そもそもそういう人と知り合う機会が少ないよ、という人もいるかもしれません。**そこでおすすめしたいのは、隣の人をもっと知ってみる、仲良くなること。**これはだれでもいいです。ご家族でも、お友だちでも、先生でもいいです。

なんでそんなことをするかというと、何度もお伝えしたとおり、「ひと目見ただけでは違いがわからない」、そして「自分と同じようで全然違う」のが今の社会だからです。恵まれてないやつが恵まれてないって見た目ではわからない。どういう点で恵まれていないのかだれにもわからない。難しい言葉で言うと「不平等が不可視化」された時代に私たちが生きている。そういう状況を深く知るために、隣の人をよく知って、クローズドなSNSでも、放課後一緒に帰るのでも、仕事や家事を手伝うのでもいいからコミュニケーションして、お互いのふだん話せないことを共有するのが一番いいんじゃないかと思います。「ああ、この人じつはきょうだいがいるんだ。だからしっかりしているのかな」とか、そういうくらいのことで、最初は構わないんですよ。

最後に、これは今まで言ったことと逆になってしまいますが、あまり**「正しさ」にこだわらないこと、つねに人は間違えうるものだと考えることが大事**だと思います。どんな高校や大学に行くか、どのような仕事に就くかで、社会に対する関わり方は数年で変わってしまいます。だから、「その場その時」の正しさで全然構わない、とりあえず自分と周りにとっていいものを考えてみる。それくらいのイメージで、どんどん本や周りの人、情報を提供してくれる場から知識を得ていきましょう。

学生さんを見てると、自分の「キャラ」をまっとうしなきゃと気負いすぎていて、自分の一挙手一投足に対する見積もりが重めだなとは感じます。SNSで自分と同世代の大学生が炎上に遭うさまを見ているからでしょうか。「はみ出しちゃいけない」「間違っちゃいけない」という気持ちがあることはよくわかりますが、人はだれしも（後から考えて）あのとき間違っちゃったな、と思うことはあるし、いつでも取り返しが効くものだと思います。

人をカテゴライズしない

ここで一貫して言ってきたのは、多くの人と知り合う、自分と違う人の行動する背景を考える、その人たちに伝えられる言葉をつくる、ということでした。

とにかく、私たちは「ふつう」がどこにもないにもかかわらず、何かその集団なりの「ふつう」を求めようとしがちです。たとえば、ある人を見て「公立校っぽい」とか「女子校／男子校出身ぽい」とか思ってしまうことで、コミュニケーションを阻害《そがい》してしまうことがありますよね。スクールカーストという言葉が流行りましたが、「陽キャ／陰キャ」とか、「一軍／二軍」とかもそうかもしれません。実際、きっちり分けるのって本人にとってもすごく安心するというか、予防線を張れる。何かすることを諦める効果があるけれど、一方で、それってそんなに重要なのか？とも思います。

「カテゴライズ」という言葉があります。ある特徴に即して何かを区別する、区分する、分類する……といった意味だけれど、**私たちは知らず知らずのうちに人をカテゴライズしていますね**。さっきの「陽キャ／陰キャ」もそうだけど、話が通じる人／通じない人、気が合いそうな人／合わなそうな人、といった形で分けることはよくあります。ファッション誌とかCMにある「〇〇系女子／男子」にも似たようなところがあるかな。

うちの大学にはジャニーズが好きな学生が多いのですが、女の子の場合、それを人に伝えると必ず「彼氏はイケメンがいいんでしょ？」と言われるそうです。多くの学生は「それとこれとは別や！」と怒って言うのですが、こういう、「〇〇なやつが××しがち」という言動は一種の「あるあるネタ」になって、それを介して他人とコミュニケーションが取れるのかもしれません。ある人たちを指して「ギャル」とか「オタク」とか「意識高い系」とかそういうカテゴライズをおもしろがることもあるし、それを前提にコミュニケーションする楽さは絶対にある。

だいたいこういう人だったらこういう話題を出せばいいかな、というイメージを持ってしまうことは、私もよくあります。18歳の学生にだったら、受験の話とか部活やサークルの話とかのほうが身近に感じてもらえるだろうし、逆に政治や信仰の話をすると身近じゃないかなとか思ってしまう。ただ、それも一種のレッテル貼りですよね。私の勤めている大学は京都にあって、外国人の観光客の方がたくさんいるんですけど、たとえば白人の方が困っていたら英語で話しかけたくなってしまうし、アジア人の方だと英語より通じやすい言語があるかな？　もしかしたら日本語もいけるかな？と思ってしまう。それもやっぱりカテゴライズの一種ですよね。

アーヴィング・ゴッフマンという社会学者は、カテゴライズを「スティグマ」という理論から分析しました（『スティグマの社会学』改訂版、２００１年）。「スティグマ」とは「烙印《らくいん》」という意味で、何か社会的によくないとされる（社会学の言葉ではこれを「逸脱《いつだつ》」と言います）レッテル貼りをしてしまうイメージです。カテゴライズはそうしたものを生み出しかねない。たとえば、「ギャルはなんか大人っぽいし華やかだから、悪いことでもやってるんだろう。パパ活とか……」という考え方が広まると、ギャル＝パパ活という、ギャルに対する「スティグマ」になり、逸脱したイメージをつくり出してしまう。

カテゴライズを防ぐためには、コミュニケーションした後、「あのやりとりって、だれかに対するレッテル貼りに基づいていなかったかな？」と考える習慣をつけるのがいいのではないでしょうか。**世間一般において、悪いと言われているものがほんとうに「悪い」のか、常に考えておいてほしい**のです。

ある高校生と議論したとき、「裁判の傍聴《ぼうちょう》に行くのが趣味なんです。裁判の傍聴に行って、『悪い人』に対する価値観が変わった」というお話を聞きました。それまでは、犯罪者なんてみんな悪いんだろうと思っていた。でも、裁判の傍聴に行くと、それぞれに背景があることがわかる。今まで、犯罪者とそうでない自分たちを「そっち側」と「こっち側」に分けていたけれど、いろんな事情や出来事が重なって、自分たちだって「そっち側」に行く可能性は十分あるんだ、と話していました。裁判所は全国いろいろなところにあって、見学・傍聴案内のサイト（http://www.courts.go.jp/kengaku/）もありますから、気になった方はぜひ参考にしてください。

といっても、この本はどこかに行くのはハードルが高いという人向けの本でもありますから、本の話もしましょう。鈴木大介さんという、女性の貧困や若者の貧困について精力的に取材を行っているルポライターの方がいます。この取材対象の人々には、いわゆる「オレオレ詐欺」などをやっている若者の詐欺グループが出てくる。この取材は本にもなっていて、そちらを読んでもおもしろいのですが、鈴木大介さんが監修している『ギャングース』（２０１３～２０１７年）という漫画（映画にもなりました）もいいと思います。綿密《めんみつ》な取材を元にしているだけあって、きちんとした裏付けがあるとても興味深い作品で、もし買うお金がなかったら貸して差し上げたいくらいなんですが。

いわゆる強盗とか詐欺《さぎ》といった犯罪行為を集合的に行っている少年グループを取り上げた漫画です。この漫画のなかで彼らは「高齢者はお金を持っているので、盗みや詐欺を行ってお金を取ることは悪ではないんだ」という論理のもとでさまざまな犯罪を行うんですね。この部分だけ切り取って紹介するとめちゃくちゃ悪い人たちですけど、少年たちの側も「犯罪に依存せざるをえない事情」をいろいろ持っている。そもそも戸籍がなくて、保険証を持っていないから社会福祉に頼ることができない、親から十分な教育を受けてこなかったから、自分たちを助けてくれる制度を知らない……という事情です。

社会の歪《ゆが》みを押し付けられて、それに対してどのような助けも受けてこなかったから、窃盗《せっとう》や詐欺によって生計を立てる権利があると言っている。もちろん、やっていることだけを見ると、明確な犯罪行為です。ただ、事情をひもといてみると、単純に「悪」とばかりも言えない。

彼らのやっていることの善悪は人によって認識が異なると思いますが、「犯罪だから悪なんだ」という考え方は、程度の差こそあれ「ギャルだからパパ活なんだ」とあまり変わらず、スティグマと呼ばれる要素が入ってきてしまう。

俗に不良というような、オラついている人たちに対する負のイメージはほんとうに強くて、講義で学生に聞いてみても「不良は規律を乱すから嫌い」「ヤンキーはえこひいきされてるから嫌い」といった言われ方はよくされています。

ヤンキーや不良が「ヤンキーらしさ」「不良らしさ」を身につけていく過程を論じた研究に、ポール・ウィリスの『ハマータウンの野郎ども』（1996年）という有名な社会学の本があります。このなかでは、いわゆる不良と言われる学生たち（「野郎ども」）が、学校のつくり出す文化や作法に反抗するのです。その一方で、優等生や規則通りに生きる学生を「耳穴《みみあな》っ子」とバカにする、という態度をとる。なんで「耳穴っ子」と呼ぶかというと、従順で、人の言うことをもっぱら「聞く」ことしかできないからだという。多分この本を読んでいる人は「不良」ではない側の方じゃないかと――これもカテゴライズですかね――思っているんですが、なぜ「不良」が勉強をせず、先生たちに反抗的な態度をとるのか、ということのヒントになる本です。

真面目にやっている人たちをバカにすることで、「自分たちは、彼らとは違う」という意思表示をする。それをしなきゃいけないのはなんでか。その文化に染まることが、彼らにとっての「大人の振る舞い」だからです。「野郎ども」は、今でいう「イキってる」というか、「オラついてる」人たち。彼らは当時のイギリスにおける「労働階級」、つまり学歴がそれほど高くなく、早期に働かなくては生きていけない人たちだから、勉強なんて無縁だし、しても意味ないと思っている。だから労働者の文化に染まるため、一刻も早く「大人」ぶる、それを無意識のうちにやっているという議論を、ウィリスはしています。ここに書いていることは、あくまでウィリスの主張の一部ですし、読み物としてもおもしろいので、気になる方はぜひ読んでみてください。

ウィリスの議論は70年代イギリスの話なので、今で言う「イキってる」「オラついている」人がいわゆる労働階級だ、というわけではもちろんありません。ただ、私たち（一応現代的には「耳穴っ子」の側に入ると仮定してお話しています）が英検を受けたり、TOEICで高い点数を取るのと同じで、「イキる」「オラつく」人々にとっては勉強を意味のないものとし、学校において望ましいとされる価値観を身につけないことこそが、彼らなりの生きる知恵であったり、集団に適応する手段なのではないでしょうか。

この時間は、「わがまま」を聞くために、あるいは「わがまま」をいざ言う立場になったときのために、大切な心構えについてお伝えしました。とはいえ、私だって言葉が通じない人にイラッとすることはありますし、同じような人たちとつるんでいることがほとんどです。自分の力だけでできることばかりではないですし、気分が落ち込んでいるときにはムカついたりもするでしょうから、あまり気負わずにやってみてください。

ポイント

1 「セーフなわがまま」と「アウトなわがまま」は、言う前から線引きはできない。
むしろ、そのあとの議論が重要。

2 だからこそ、「わがまま」を言われたほうは、ムッとする気持ちを抑えて、
「わがまま」の背景を考えることが重要。

3 「わがまま」を言う側も聞く側も、「わがまま」の表現に気を使う。
激しい表現をいきなり拒否しない。
できる範囲でいいので、わかりやすく伝える。

「おうち語」を翻訳する

この時間では、だれにでもわかりやすい言葉でしゃべる必要性をお伝えしつつ、一方で「わかりやすく話す必要はない」「わかりやすく話せない人を責めない」という、ふたつのことをお伝えしたつもりです。それをするためには、多様な人々と出会える場やイベントを大切にすることで、自分の知っている人の幅を増やすこと、自分と同じような環境で生きていない人に想像をめぐらせることが大切です。

他人に説明することに慣れる、また、うまく説明できない言葉に慣れるために、簡単なエクササイズをしてみましょう。**「これ自分の家でしか使ってないだろうな」という言葉**（**おうち語**）**や、「友だちとの間でこういう言葉が流行ってる」という言葉**（**友だち語**）**を、その言葉を使わずに説明してみて**ください。おうち語だったらおうち以外の人に、友だち語だったら友だち以外の人に説明する必要があります。ある意味、ギャグ漫画のオチを説明するようなちょっと気恥ずかしい感じがあるんですが、ちょっとやってみてください。

エクササイズ5

①「出題側」「あてる側」に分かれる。あてる側は複数人でも大丈夫。
②出題側の人は「おうち語」「友だち語」「親戚語」「バイト先語」など、あなたが属している特定の集団でしか流通しないと考えられる言葉をひとつ選び、当てる側の人にお題として提示する。（「かぼちゃ」はおうち語であるが、どういう意味で使われているか、など）
③あてる側は、ヒントになるような質問をなげかける。「朝に使う？　昼に使う？」「流行りのもの？」「それはモノ？」「学校は関係ある？」など。時間は3分間。
④出題側は質問にYESかNOかで答える。3分以内で当てる側が回答し、正解したら当てる側の勝ち。
⑤「出題する側」を変えて、もう一度やってみる。

一度私のクラスでやってみたところ、「かぼちゃ」というおうち語が出てきました。これはその人のおうちでは「鍵を家の外に隠しておく」という行為を指すそうです。なんで「鍵」なのかというと、みんなが施錠《せじょう》

「おうち語」を翻訳する

して外出しているときに、鍵を家の外に隠しておくオブジェがかぼちゃの形をしているからだそうなんですね。ここからは想像なんですけど、「鍵、かぼちゃのオブジェのなかに入れといたから〜」というやりとりが簡略化されて、「今日だれか家にいる？　いないならかぼちゃね」みたいなおうち語ができてきたのではないでしょうか。

しかし、「かぼちゃ」のようなおうち語を披露《ひろう》してしまうと、セキュリティ上の問題に発展しないとも限りませんので（笑）、無難というか、これだったら集団の外に漏《も》らしても問題ないだろうな、と思える言葉を選んで、みんなと「翻訳」してみてください。聞く方は、「それって私たちの間だとこういう言葉を使ってる？」とか「うちだとこういう言い方するわ」など、質問して構いませんし、むしろそうした質問によって対話が重なり、理解が深まることも十分にあると思います。ここでいう「理解」というのは、おうち語や友だち語そのものだけではなく、その「おうち」「友だち」のなかで生きている相手を理解する、その理解を受けて自分自身への理解も深まる、というイメージですね。

4時間目

さて、「わがまま」言ってみよう！

社会的「わがまま」のススメ

ここからは実践で、「わがまま言ってみよう！」編です。わがままって、そんな促されて言うようなものじゃないので、なんか変ですね（笑）。でも、そういう気持ちを持つくらいの心構えで読んでもらえればいい章です。

「わがまま」についてすこしばかり振り返って定義しておきましょう。基本的には、自分あるいは他の人（もちろん、人でなくても、自然や動物でも大丈夫です）がよりよく生きるために、その場の制度や、そこにいる人の認識を変えていく、という行動です。

ここで大事なことなので3時間目のおさらいをしておきましょう。

この本は理由がどうであれ「わがまま」を意見、主張として扱いますし、それが主張された時点では「アウトかセーフか、良いか悪いか」を問いません。言う側も、迷惑だろうとか、嘘をついていると思われるんじゃないかとか、それを一旦抜きにして、「いや、ニンテンドースイッチがしたいだろうが、前に座ると緊張しちゃうだろうが、私はとりあえず後ろの席に行きたいの！」と主張する。そこから、「なんで？」という議論がはじまって、理由を説明したり、どこまでならOKかという落とし所を一緒に見つけていく。「わがまま」は新しく社会を変える端緒（きっかけ）というのかな。そういうふうに捉えながら、うまく「わがまま」を言う方法を考えてみましょう。

モヤモヤで「わがまま」キックオフ

いきなり教室30人の前で「後ろの席に行きたいです！　以上！」と言うのはなかなか怖いでしょう。それはふつうの社会運動も一緒で、ひとりが大勢の前でいきなり声を上げることはあまりありません。そこで、まずは**いきなり要求を表に出すのではなくて、不満や不安といった「モヤモヤ」を共有することからはじめてみましょう。**

社会運動では、このモヤモヤを共有するために、少人数のグループをつくったり、そのグループを結成するためのイベント（「キックオフ・ミーティング」と呼ばれたりします）をしたりして、モヤモヤの賛同者を募ることからはじめることもあります。

まずは友だちとか、部活の先輩とか、信頼できる先生に、社会や学校に対して「こういう不満があるんだけど……」と打ち明けてみることを「わがまま」のきっかけにしてみましょう。このレベルであれば、インターネットコミュニティを使うこともそれほど悪くないのではないかと思います。

モヤモヤについて話し合う過程が社会運動になることは、近年の社会運動論でもよく指摘されていて、理論的には「経験運動」と呼ばれることもあります。1時間目でお話したことと強く関連しますが、経験運動論では、人々の違いが大きいからこそ、何かの作業を一緒にしたり、話し合いをしながら時間を一緒に過ごすことが社会運動をするにあたって重要なんだ、というわけです。

私のゼミでは、ダンスサークルに入っている学生と、社会運動をやっている真面目な学生が参加していて、この両者は世に言うところのまさに「陽キャ」と「陰キャ」、どうも相容《あいい》れそうもない……と思ったのですが、それぞれの学生が普段疑問に思っている「モヤモヤ」を話しているうちに、お互いが共通に抱えている課題にうまく結びついたことがありました。その課題とは「規制」、つまり、法や制度によって人々の行動が抑制・制限されるという問題のことです。

近年、「風俗営業等の規制及び業務の適正化等に関する法律（風営法）」が改正され、深夜に踊ってはいけないという法律ができ、いくつかのクラブ（いわゆる「スポーツクラブ」とかとは違う、大音量に合わせて人々が踊るための「クラブ」です）が取り締まりの対象となりました。ただ、どこまでが「踊り」なのか、なぜ規制されるのかについて、明確な説明は必ずしもありません（詳しくは磯部涼編著『踊ってはいけない国で、踊り続けるために』（２０１３年）などに書かれています）。

このような「取り締まり」「規制」に対する危惧《きぐ》は社会運動をする人にもあります。デモをするときに道路の使用許可を取らなければならないことも広く捉えれば「規制」と言えるし、デモは道路で行うものなので、警察から警告されることもなくはない。

このような「疑わしいけどとりあえず罰する」という法のあり方や、それを「違法なんだから仕方ないでしょ」と考える「ふつうの人」の態度にモヤモヤする、という話で、ダンスサークルに入っている学生と社会運動をしている学生とで盛り上がりました。私も含めて、ゼミでモヤモヤしているだけでその後何か行動をしたわけではありません。ただ、規制や取り締まりに対する感覚が、まったく異なる嗜好《しこう》や感覚を持つ人々同士で共有されたという意味では、立派な「経験運動」かな、と私は感じています。

1時間目と3時間目で紹介したとおり、私たちはすごく違いがあって、その違いをいくつかの束にしてまとめるとコミュニケーションも楽になるから、簡単に他人を「カテゴライズ」しようとする——そして私も「ダンスサークルの人」「社会運動の人」とカテゴライズしようとしていたわけです。ただ、モヤモヤを確認し合うことで、違いを超えて同じ根っこでつながることもできたし、それがカテゴライズを打破する機会にもなった。こういう現代だからこそ、モヤモヤを共有するプロセスが大事なんだな、と感じた経験でもありました。

わがままは、直接相手に言わない

さて、では実際に「わがまま」を言ってみる、その手法を紹介したいと思います。社会運動論では、わがままの言い方を「レパートリー」といいます。このレパートリーにはいろいろな方法があるんだけど、ここではすこし回りくどく、**「直接言わない」ということを最初の約束にしましょう。**

お小遣いが少なかったら、出資元の親に言う。学費が高かったら、生徒会とか学校の教員に申し立てる。「わがまま」の方法として最初に思い浮かぶのはこういった直接的な手段かもしれませんが、親も学校側も、彼らなりに何か妥当《だとう》であったり合理的だと思って小遣い額や学費を定めているわけで、いきなり丸腰で「わがまま」を言ってもすぐに跳ね返されてしまいます。また、子どもと大人の説得力の差はけっこうでかいので、子どもの目から見て明らかに不合理であったり、わけのわからないことであっても言いくるめられてしまう可能性が高いでしょう。

実際に「わがまま」を直接伝えても、どうも親や先生にうまく言いくるめられそうだ。その場合どうするか。もっと広く、社会に訴えればいいのです。じゃあ、どうやって訴えるか。

前の時間でお伝えしたように、新聞や雑誌に投書をしたり、インターネットの掲示板に書き込んだりするのもいいのですが、せっかく社会運動論のお話をしたので、この本でも何度か出てきている「デモ」についてお伝えします。

社会運動のなかでも、主張をしながら道路を練り歩くデモはよく見られるものです。また、デモをする前に集会をやって、公開の場でスピーチをすることもありますし、主張をひとことではまとめづらい場合、ビラ（フライヤー）と呼ばれるような、紙や冊子を配って自分の言いたいことをより詳しく理解してもらうこともあります。

その「わがまま」が学校内での不満に基づいていたら、校門の前、廊下、あるいは学校の最寄り駅でやる。そうすることで、学校に通う人々、勤める人々とその関係者（ステークホルダー）に訴えかけるといいでしょう。あるいは、学校に限らず、社会や地域に対するもっと一般的な「わがまま」であれば、人が集まるようなターミナル駅の前や、大きなショッピング街など、街のなかで人が集まる場所に行ってみましょう。道路を歩くようなタイプのデモも、広場でのビラ配りも「道路使用許可」が必要だと一般的に言われています。2時間目に申し上げたとおり「公共の場」ですから、だれかの許可が必要なこと自体、それはそれで不思議なことではありますが……。ともかく、手続きはそれほど難しいものではなく、インターネットで「道路使用許可」と検索すれば手順が出てきます。

曜日や時間もけっこう大事な要素です。平日であれば、お仕事から帰宅される人が多い時間を狙ったり、中学生や高校生のほうがわかってくれそうな主張であれば、もうすこし早い時間にするのもいいでしょう。部活に関する話題だったら、部活をしている人に聞いてほしいので、朝練の時間帯は遅めの時間がいいかもしれませんね。また、たとえば土日などは人通りが多いためか、すこし大きめの駅であればいろいろな人々が声を上げているのを見られるはずです。こうした人が他にもいるのだとわかれば、あまり恥ずかしくなく「わがまま」を声にできるのではないですかね。

ただ、街頭に出るってけっこう勇気がいる行為だと思います。そういうときはみんなとモヤモヤを共有して人数を集めたり、人の多いところに行って、**他の人が「わがまま」言ってる様子を見るのもひとつの手**です。募金集めや署名集めをしている人を実際目にしたら、なんとなく自分もやりやすくないですか。

なぜそこまで「直接わがままを言わない」ことが大事なのかと言うと、関係者を味方につけるためです。みなさんの多くがお持ちで、一番社会に広く開かれているのは学校に対する不満だと思いますが、その不満の場合、学校に子どもを通わせている親や、卒業生であるOB・OGの人々が関係者となります。地域や社会に対する不満の場合、市役所や政府だけでなく、税金を払って地域に居住している人すべてが関係者となります。あなたの不満が、先生や自治体には聞き入れてもらえなくても、ＯＢやＯＧ、納税をして仕事をしている大人には聞き入れてもらえることがあります。

たとえば学校が改築されるとか、制服がリニューアルされる、歴史ある部活が廃部になってしまうといった場合に、母校に愛着のあるＯＢ・ＯＧを味方につけるのは、効果ありそうじゃないですか？　ＯＢやＯＧの方は専門的な仕事をしている人も多いから、もしかしたら法律や建築やデザインといった観点からコメントをしてくれるかもしれませんね。それは地域の問題に関しても同じで、放課後遊ぶための公園が足りないとか、プログラミングについて学ぶための市民講座がほしいとか、そういうことを子どもだけが言っても聞いてくれないかもしれませんが、「プログラミングを学べないことは、子どもたちの将来に対して重大な影響がある」とか、「公園をつくることは環境保護の観点からも適している」ということを、専門知識を持つ大人に言ってもらえればだいぶ説得力がでてきますよね。

以前、東京都のある地域に高層マンションが建てられるというニュースがありました。しかしその高層マンションは、現在建設を停止しています。なぜかというと、その近くの歴史ある学校の卒業生たちが抗議活動を行ったからです。その地域の景観に愛着を持つ卒業生たちが署名を集め、区議会に提出したのです。また会社の建設説明会にも参加して抗議をしたり、区議会に陳情《ちんじょう》もしたと聞きます。じつは、こういった事例は全国各地でよくあります。仮にこういう事態において、在校生やその保護者だけが署名を集めて建設会社や区役所などに行っても人数が少ないと言って聞いてもらえなかったかもしれない。ある面では「数は力」と言えるのでしょう。

これよりさらに「わがまま」が広く伝わった運動に、「下北沢再開発反対運動」があります。東京都世田谷区にある下北沢駅では、再開発が行われていますが、すると街の景観が大きく変わってしまう。だから下北沢に愛着を持つ人々が反対運動をしています。下北沢というのは文化の街で、小劇場やライブハウスも多くあったりする。古着屋も多いし、個人経営の雰囲気あるお店が多い、文化の一大拠点なのです（詳しくは三浦倫平『「共生」の都市社会学』（２０１６年））。

その下北沢の景観が変わってしまうということで、ミュージシャンや演劇関係者が集まって、ライブや演劇公演、映画上映などを行う『ＳＨＩＭＯＫＩＴＡ ＶＯＩＣＥ』というイベントを開催し、問題を広く伝えました。人々の支持、お金、情報を集めて社会を動かそうとする社会運動の営みを「動員」といいますが、**まちや学校に対するいろいろな人の愛着を「動員」することが、「わがまま」を言うときのひとつのコツ**ですね。

ここで余談ですが、大人（これは保護者とか先生に限りません）が子どもに言いがちな意見に「そんなことをするなんて、子どもらしくない。やめなさい」「そんなことをしたら、あなたの進路に悪い影響があるよ」といったものがあります。これまで言ってきたとおり、「子ども」といっても今はいろいろな子がいるので、「子どもらしさ」とか「ふつう」というのはその人の勝手な基準でしかないわけですから、この意見はあまり聞かなくていいと、私は思います。

もうひとつ、声を上げる若い人に対して浴びせられがちな意見は「進路に影響するよ」「そんなことしたら就職なくなるよ」というものです。これは必ずしもほんとうではありません。少なくとも、私が知っている、社会運動経験のある学生は、大学を卒業して、必ず何かの仕事に就いています。

ただ、私がすこし注意してほしいと思っているのは、みなさんが声を上げて、実際に社会に声を届ける、そういう過程のなかで考え方を狭めてしまう、つまり、本来はいろいろなところに就職していろんな形で社会を変える可能性があるはずなのに、ここは自分の理想と違うから行きたくない、ここは自分と考え方が違うからイヤだ……と考えてしまうことのほうです。これについては、すこし大事なことなので、あとで説明したいと思います。

伝えるための工夫

これまで私がお伝えしたとおり、「わがまま」を言うときは、その問題を知らない多くの人に知らせることが大事だ、ということはわかってもらえたかなと思います。この「知らせる」ことを、社会運動の理論では「フレーミング」と言います。この「フレーム」は、枠とか囲みとかいう意味のフレームですね。いくつか意味があるのですが、相手の考えていることや思っていることに合わせて、「わがまま」の伝え方を調整する理論と考えてください。**身近で使っているもの、やっていることを、自分の問題意識を伝える道具にする**のはいいやり方なんじゃないかと思います。

たとえば人種差別反対というと難しいかもしれませんが、「肌の色」といった身近なことから伝えるのはどうでしょう。化粧品だって肌の色に合わせてつくられているし、イラストを描くときにも人物ってかなりの割合で出てくるので、「どの色を使おうかな」とイメージする人は多いと思います。

学校でクレヨンやクーピーペンシルを配られることがありますが、私が小学生の頃は、オレンジよりももうすこし白っぽい色、ちょうど黄色人種の肌の色に近い色のことを「はだ色」と呼んでいたのです。私はこれを書きながら、インターネットでみなさんの使われている絵の具や色鉛筆をチェックしてみているのですが、今は「ペールオレンジ」や「うすだいだい」という言い方をしているんじゃないかと思います。おそらく学校で図工の授業を受けていても肌の色が人それぞれに違う、そういう違いを検討した結果として「はだ色」という言葉が使われなくなっていったのでしょう。

化粧品に関しても「肌の色」に関する議論はつきもので、日本だとよく「美白」や「ホワイトニング」という言葉が使われたりします。これもやっぱり国際的には差別にあたってしまうのであまりよくないと言われています。

肌の色に関する表現が問題となっていることを私が知ったのは、ある海外の美容系YouTuberのお話でした。この方が動画で「日本のコスメ業界ではまだ〝美白〟という言葉が通用しますが、世界のコスメ業界はもう〝美白〟という言葉をあんまり使わない。その言葉にはレイシズム（人種主義。特定の人種を劣っている、優れていると捉える考え方という意味でここでは使っています）的なニュアンスが入っている」というお話をされていて、なるほど……と感じました。

その動画のコメントがとても興味深くて、「『白い肌が美しい』というのは、日本では白色人種を指しているのでは必ずしもない。したがって、美白に差別的な意味はない」といったものから、「日本は人種が少ない（少なく見える、のほうが正しいかもしれません）が、他の国々はいろんな人種の人がいる。国際的な目線でみると人種差別につながるのでは」というものまで、たくさんのコメントを見ることができました。今はもうコメントは見られず、このYouTuberがどのくらい議論を喚起《かんき》することを狙っているかはわからないのですが、私は人種差別とか多文化共生といった課題を考えるときに、クレヨンや化粧品といった身近なものから話を展開することが「フレーミング」のヒントになると思っています。

たとえば、あなたが「難民・移民問題や外国人研修生問題に関心がある、人種差別を問題だと思っている」と言っても、なかなか難しくて聞いてもらえないことがある。こういうときは、いきなり「入国管理制度が……」「外国人労働者が……」というよりも、「なんで海外から来たプロ野球選手って『助っ人外国人』って言うんだろうね……」という切り出し方のほうがいいかもしれません。たとえば若い人の労働問題について考えるときも「未成年の労働と人権が……」というよりは、「AKBグループの人たちも大変で……」と言ったほうがいいかもしれません。もちろん、プロ野球選手と外国人研修生は、同じ外国籍の労働者といっても労働の内容は大きく違いますから、たとえ話がいつもいいとは限りません。何かにたとえたり、置き換えることで捨て去られてしまう細かい違和感が出てきてしまうとは思いますが、まずは特定の問題について伝えたいときに、身近な話題というフレームを用いてみる価値はあるのではないでしょうか。

ただ、そういうたとえ話をどうやって学ぶか？というのが問題ですよね。ずーっと人種差別の課題について考えていて、クレヨンやコスメを見て「あ、これも同じ問題やん」と思えばいいけれども、なかなか教科書や参考書で学んだ知識が、自分の生活の隅々に行き渡っているとは言い難い。ちなみに私はというと、クレヨンの話もYouTuberの話も、じつは学生から教えてもらったのですが……。

私は先進国の大きな会社が、途上国に大きな工場をつくって、そこで生きている人々を安い賃金で働かせて、貧困へと追いやっている……という「グローバリゼーション」に関心がありました。でも、こうした不当労働を進めていたようなナイキやユニクロのアイテムも購入していたし、ファストファッションもいいなあと思いながら生きていた。つまり、自分の身の周りにあるものが、自分の研究につながっていることに気づいていませんでした。「社会問題」を自分たちの身近な事柄につなげたり、実際の振る舞いにするのはすごく難しいことです。

趣味の雑誌を読もう

それではどうやって身近なことに引きつけて自分の「わがまま」を伝えていけばいいのか。ひとつは「趣味の雑誌」から学ぶという選択肢がありえるかな、と思います。スポーツライターでも、音楽ライターでも、社会的・政治的な問題に対する感性が強い書き手は必ずいますから、**雑誌に掲載されているライターのコラムから学ぶ**のがいいのではないでしょうか。

私のゼミに、サッカーが歴史的にコミュニティ形成において果たしてきた役割と、サッカーをめぐるレイシズムについて素晴らしい論文を書いてくれた学生さんがいました。彼に「そういう知識をどこで得たんですか？」と聞いたら「雑誌に掲載されたコラムを読んだのがきっかけです」と言っていました。

今思い返すと、私がはじめて社会運動に触れたのは小学生の頃で、それもやはり雑誌がきっかけでした。当時、毎週読んでいた『週刊ファミ通』で、中古ゲームの販売が著作権違反になるか否か、という論争が行われていたのです。ゲームメーカー側は、自分たちのつくった作品が中古市場に出回って、何度も遊ばれると自分たちに利益が入らないから、できれば新品を買ってほしい。そうした状況で、ゲームメーカーが中古ゲームショップを訴えたことが大々的な事件となりました。しかし中古ゲームショップは中古品を売らなければ立ち行かないという現実があるから、中古品の販売を可能にするために署名などの活動をしたのです。雑誌でも大きく特集されていて、メーカー側と中古ゲームショップ側の言い分に加えて、学者や弁護士からのコメントを見て学んだりもしました。

余談ですが、このことは私が社会科学を学ぶきっかけにもなったと思います。つまりただたんに好きなもの、楽しいことだと思われがちな「**趣味の世界**」**が、市場とか法律とか、さまざまな社会を取り巻く仕組みによって成り立っていることを知れた**のです。

雑誌ってもう、あまり読む人はいないのかもしれませんが、私はまだまだ力を持っているメディアだと思います。ライターさんは、自分で記事を執筆することもあれば、インタビューも編集もこなす「言葉のプロ」ですし、そうした人が編集者さんとのコミュニケーションのもとで生み出す言葉はきちんと、その趣味や文化を共有している人に伝わるものだと思います。雑誌という、ある程度共通の好みを前提としている媒体ということも大きいでしょう。

もちろん、一時期に比べて雑誌の発行部数はものすごく減っていますし、書店もなくなってきているので、雑誌を手に入れることそのものが困難という人もいるかもしれません。今は出版社も自社のウェブサイトを充実させているので、そこでも各分野のライターの方がいろいろなことを書いていています。自分の興味のある雑誌を探して、その出版社や雑誌の公式サイトを見てみるととてもおもしろいし、自分が「わがまま」を言う際にも伝わりやすい言葉が見つかるのではないでしょうか。

もっと気軽にできる方法はありませんか？（やっぱり恥ずかしいし）

人に伝える運動ということで言えば、雑誌をつくる、新聞をつくる、ホームページをつくるのも立派な「わがまま」です。とくに雑誌をつくる、新聞をつくる活動は、ネットに何でも溢れている時代には古くさく見えるかもしれませんが、逆に今だからおすすめです。

ちょっと文化系なわがままが好きな人に

ZINEを作成する社会運動があります。ZINEとは「MAGAZINE」の「ZINE」で、同人誌のようなものです。同人誌と言うと、いわゆるオタクっぽいものであったり、あるいは文化系の部活（文芸とか美術系でしょうか）でつくる部誌のようなものをイメージされるでしょうが、ZINEは特定のテーマについていろいろな人が執筆するものです。文章であっても、絵でも詩でもいい。ほんとにテーマと言ってもいろいろなんですよ。

ばるぼら・野中モモ『日本のZINEについて知ってることすべて』（2017年）は、日本で1960年代以降に刊行されたZINEがたくさん載っているのですが、政治的な主題を扱ったものから、「占い」や「フォント」なんていうものをテーマにしたZINEまであります。

じゃあ、あんまり「わがまま」と関係ないじゃん、と思われるかもしれないんだけど、**「好きなものを好きって言う」「自分が関心のあることを言葉にする」っていうのは、「わがまま」を言うための土台づくりにちゃんとなる**と思います。みなさん、日常会話のなかではきっと人に合わせがちになってしまうから、好きなものを好きなだけ、好きな形で語るのも意見を言うトレーニングになるのではないでしょうか。

たぶん、これまでに紹介した「わがまま」のなかだと、モヤモヤを共有するようなタイプの活動と相性がいいと思います。編集会議を開き、企画を立ち上げたり、座談会の記事をつくることそのものも、社会的な課題について考えを広げるきっかけになります。本という明確な成果物の作成を目的としている以上、そこがゴールという感覚が共有されますから、他の「わがまま」よりもコミュニケーションが密になりやすいかもしれません。改めて人に伝えようとする機会になるので、前の時間でもお伝えした、「おうち語」「内輪《うちわ》ネタ」をわかりやすい言葉や表現にする試みにもつながります。

さらに、**本のメリットは、ほどよく「鍵がかかる」こと**です。今はネットで何でも流せますよね。中学生や高校生のツイッターでの発言が何千リツイートもされたりする。でも、だからこそ書きづらいことがあるのもたしかです。ミニコミ誌は、そういう人にこそおすすめです。半分「鍵」のあいたSNSの投稿みたいなものだと思ってくれればいいと思います。

自分たちの仲間内で完全に閉じてしまうわけではなくて、すこしだけ外につながるようなもの。関心を持ってくれた人が買ってくれるかもしれないもの。この本を読んでいる人のなかにどれくらいいらっしゃるかわかりませんが、同人誌をつくっている人なら、この辺のイメージもわきやすいんじゃないかと思います。

「コミケ」「文学フリマ」のような同人誌即売会で販売したり、こうしたミニコミ誌を販売してくれる書店に委託《いたく》してもいいですが、ネットプリントを活用するのもひとつの手です。

「ネットプリント」で検索すると、コンビニエンスストアのネットプリントサイトが出てきます。ここに会員登録し、ファイルをアップロードすると、同じ内容をだれでも、どこからでも出力できるようになります。ファイルをブログやインターネットサイトに掲載するよりも、ほんとうにその情報がほしい人だけが寄ってきてくれますし、わざわざコンビニエンスストアでいくらか払ってまでミニコミ誌を読んで炎上させたい人はそこまでいないでしょうから、「面識はないけど関心はあるかもしれない人」と、情報をゆるく共有するチャンスです。

海外の社会運動では、こうしたZINEの即売会（フリーダム・ブックショップと言ったりします）が重要な活動のひとつでもあります。自分たちが好きに考えを伝え、同じようなことを考えている人と出会うのは、「わがまま」の第一歩ですからね。

代わりのものをつくってみる

ＺＩＮＥにも共通する文化ですが、**社会運動は「自分でつくる」こともひとつの活動としてみなします。**「ＤＩＹ(Do it yourself)カルチャー」と言われたりするんですけれども、これは、「個人的なことは政治的なことだ(The Personal is Political)」というスローガンに基づいています。

１９６０年代以降のフェミニズム運動などに見られますが、特定の要求に基づいて法律や条例といった制度を変えていくのももちろんいいけれど、うまく制度に反映されない、そもそも制度に反映されたところで問題は残ってしまう、ということはたくさんある。そうしたときに当時のフェミニストの人々が考えたのが「自分たちでやってしまう」ことでした。

たとえば、自分たちの住んでいる地域には保育園がない。保育園がないときに、議会に陳情をしたり、署名を集めたりすることも大事なのですが、ママたち(今は「パパ」も、ママ・パパのどちらでもない人もいると思いますが)がそれぞれ手の空いた時間にお互いの子どもの面倒をみる、それで保育園と同じようなサービスがつくれるんじゃないか、という考え方もできるわけですね。これは「共同保育」と言われるもので、社会運動としても長く行われてきました。

こうした試みは他にもたくさんあります。社会運動をしている人同士がキャンプをするとき、男性と女性の他にトランスジェンダーの人がいることがあります。ただ、キャンプの準備をする側がそれを知らないと、トイレを「男」「女」に区分けして、ひどくトランスジェンダーの参加者を傷つけてしまうことがあるのです。話し合いの後に、即席ではありますが「男」「女」「だれでも」という区分けをして、トイレスペースをつくることになった。こうしたものも、「自分でつくってみる」という経験に当てはまるでしょう（このことは富永京子『社会運動のサブカルチャー化』（２０１６年）に書きました）。

たとえばクラスに、男の子とも女の子とも一緒に着替えをしたくない、という人がいれば、カーテンとかで間仕切りをつくってそこで着替えてもらうとか、目が見えづらい、耳が聞こえづらい人がいたら、代わりにノートをとってあげるとか、貸してあげるとか。みんなの合意のもとですこしでも授業が受けやすいところに席をつくってあげるとか。

その空間にいる人々が快適に学べるように、困っている人がいることを「代わりのものをつくる」ことで示すやり方があります。これなら、表立った「わがまま」として批判や抗議をしにくい人にもできるかもしれません。

社会運動をする人たちは、化粧品も自分でつくることがあります。既存のメーカーの商品は自分の肌に合わない、何が入っているのかよくわからないといった理由で、天然の素材を用いて自分で化粧品をつくる活動もあるのです。石けんの自作などが代表的ですが、日本でも、生協による「コープ化粧品」は、安心して使える化粧品がほしいという消費者（生協では「組合員」と言いますが）の意見に応えてできたもので、消費者と生産者が一緒になって開発をしていたりします。

あとは、ドラッグストアやスーパーなどで「ちふれ」というメーカーの化粧品を見たことがある人も多いのではないでしょうか。比較的安価なコスメなのですが、これもじつは社会運動の一種です。1968年に地婦連（全国地域婦人団体連絡協議会）という団体が、既存のメーカーの化粧品は高額すぎると、100円の「ちふれ化粧品」を売り出したのです。

また発展途上国でつくられたチョコレートや衣服を、適正な価格で取引することを「フェアトレード」と呼びます。

このフェアトレードも、「自分でつくってみる」活動のひとつです。アメリカや日本といった先進国が、発展途上国に工場を置いて、現地の人を低賃金かつ劣悪《れつあく》な労働環境で働かせているから、その現状に対して抗議しよう、というのは「わがまま」を言うひとつの方法です。それに対してフェアトレードを進める人々は「自分たちで、途上国の人々がきちんと働いただけの対価を正当に受け取れるようにしよう」と、自ら販路《はんろ》をつくるわけですね。フェアトレードのコーヒーはスターバックスなどでも販売されています。

こういう活動は「わがまま」ではないんじゃないか、自分たちで解決してしまっているわけだから、「がまん」の一環なのかもしれないと思う人もいるかもしれません。ですが、こうした**「代わりのものを自分でつくってみる」という試みが注目されることで、普段から私たちが使っているものやサービスにはじつはこういう問題があったんだ、と知らせるきっかけになったりもします。**自分たちのための試みが、間接的に社会に「わがまま」を言う機会になったんだ、という考え方ですね。

さきほど例にあげたちふれ化粧品は、雑誌『暮しの手帖《てちょう》』に取り上げられたことで広まりました。実際に高級化粧品と「100円化粧品（ちふれ化粧品のもとになった商品です）」を比較したところ、品質には大差がないというデータが出た。そこで「ちふれ化粧品」

として大々的に売り出され、化粧品の価格は適切かという議論を巻き起こしたのです。

買う・選ぶもわがままのうち

このような形で、社会や人権、自然環境に配慮した販路や工程でつくられ、流通した商品を購入することを「エシカル（倫理的な）消費」と言ったりもします。さすがに服飾製品を素材まで考えてつくったり、新しい販路を切り開くことはこの本を読む人みんなができるわけではないでしょうから、**「買う」「選ぶ」だけでも社会への貢献になる**んだ、という点もここで書き添えておきたいと思います。

ただ、「エシカル消費」の対象となる商品は、いずれも普通の商品よりやや高額ですから、あなたがまだ中学生や高校生の場合、無理にこのようなものを購入する必要はないでしょう。むしろ、実際には買えなくても商品を選ぶ過程で、「この材料はどういうものなんだろう？」「メルカリで中古品を買うこともエシカル消費になるかな？」といろいろ吟味《ぎんみ》することが重要だと思います。

フェアトレード商品を購入するようなタイプのエシカル消費とはちょっと違いますが、

２０１８年に日本大学でアメフト部をめぐるスキャンダルがあったり、東京医科大学で女子受験生に対する不当な点数操作があった際に、これらの大学の出願者が大きく減少しました。

これは単純にスキャンダルや炎上の結果と言ってしまってもいいのですが、学生が自分の意思で部活動を楽しめなかったり、女性だからといって不当な扱いを受けるような環境を選ばない、と意思表示したという点では、「エシカルに」進路を選んだ結果とも言えます。受験生の意思が数のうえできちんと減少傾向として現れたことで、大学側も反省して今後の対策を考えるかもしれません。そうした意味で、選択肢そのものをつくり上げるのではなく、あらかじめ定められた選択肢から選ぶだけでも意義があることと言えるでしょう。

「はじめに」でもお話ししましたが、私のゼミの学生はアルバイトの人々が過酷な状況で働かされている「ブラック労働」に反対するために、深夜にコンビニには行かない、ワンオペ（ひとりで店舗を運営している状態）のファーストフード店では食べないと言っていました。こうして身近なできごとから、ゆるゆるとでも無理のない範囲で継続するのが、あなた自身にとっても社会にとっても一番大事なことです。

こっそりやってみる

モヤモヤをみんなのなかで共有したけれど、なかなか「わがまま」が言えないよね、ということも当然あるでしょう。とくに自分より権力のある人が相手ならなおさら……先生も親も怖いし、いくらフレンドリーな態度を示して、話を聞くよ、と言われたとしても「いや、先生は先生だし」と感じてしまいますよね。

私はある授業で、「説明する内容は全部話し終わったからあとはみんなで自習しよう、私も自分の仕事をするから。もちろん好きに私語をしていいよ」といいながらこの本の原稿を書いていたんですが、全然みんなしゃべらないんですね。私が差し入れのお菓子を買いに外に出ると、めちゃくちゃしゃべるようになる（と、アシスタントの人が教えてくれました）。でも、私がお菓子を買って教室に戻ると、またおしゃべりがピタッと止まるんです。しゃべっていいって言っているのに……と寂しくなったのですが、ともあれそれくらい、先生は「先生」なのでしょう。

ちょっと話が脱線してしまいましたが、そういう状況で「わがまま」を言うのはなかなか難しい。じゃあどうするかということを考えるときに、小笠原裕子さんの『ＯＬたちのレジスタンス』（１９９８年）という本はとてもおもしろかったです。

ここでいうＯＬさん（ＯＬという言葉を既に知らない人に伝えておくと、オフィス・レディの略で、女性会社員のことです）は、男性と同じ職場に勤めているけれど、いわゆる総合職とか重要な決裁をする役割というよりは、補佐的・補助的な役割をしている女性の会社員をイメージしてください。この人たちは、いわゆる総合職や専門職だったりするような「サラリーマン」の男性に、面と向かって抗議ができない。

だから、すごく小さいレベルでの反抗をするんです。たとえば、バレンタインのチョコレートを渡さないとか、渡したとしても他の男性社員よりちょっとクオリティの低いものにするとか。こうすることで「他の同僚はもらっているのに、俺はもらってないぞ」と不安な気持ちにさせる。サラリーマンもＯＬさんがいないと仕事できないのは事実なので、「俺、今後もこの職場でスムーズに仕事できるのかな……」と心配になる。

このテクニックを転用すれば、たとえばハラスメントをしてくる人に対して気まずい思いをさせたり、不安にさせたりすることもできるかもしれない。イヤな上司がいて、告発できないけど、バレンタインの義理チョコを渡さないみたいな。そういう「嫌がらせ」

めいた「わがまま」のあり方も、社会運動として存在したりします。

たとえば、制服に反対していたり、みんな同じ格好が嫌だという人って、中学校や高校は多いのではないかと思います。そもそも公立中学校では、制服は「標準服」であって着なくていいはずなんですよね。

ランドセル……ランドセルだと小学校になっちゃいますけど(笑)、学校指定のカバンが嫌な人は、黙って他のカバンを持っていくというのも手ではありますよね。指定のものとは別のカバンを持ってきたら先生としては「?」と思う。サラリーマンとOLの関係じゃないので、それで困らせたりはできないかもしれないけれど、抗議の意思表示にはなります。「お前なんで指定のカバンじゃないんだ!」と言われたら、「こういう理由で、指定のカバンを背負っていません」と言う。

いきなり「指定のカバンに反対しています」とは言いづらいかもしれないけど、行動を先に起こして突っ込まれるポイントをつくって、その行動を説明する形で「わがまま」を言うやり方ですね。

こうした「こっそりわがまま」をするときに参考になる本があるんです。ジェームズ・

C・スコットの『実践　日々のアナキズム』（2017年）という本です。このなかでよく出てくるのが、「ごちゃごちゃにする」ということなんです。

たとえば、農作物を植えるときにごちゃごちゃに植える。あるいは、戦争の慰霊碑《いれいひ》をつくるときに、名前をアルファベット順にするとか偉い人から並べるということをしない。それによって、「順番」とか「整列」することのなかにある、私たちを管理する何かから人々を解き放そうとしているのです。

学校に通うために、朝7時に起きて、朝8時に家を出て、8時45分までに学校に着かなければ遅刻する。遅刻は悪いことだからしてはいけない。ふつうならそう考えるでしょう。スコットはその「ふつう」に抵抗するために、いろいろなところで実践される「こっそりわがまま」を紹介しています。朝何時までに来なければ遅刻、お昼ご飯は何時から食べなくちゃいけない、と学校も職場も人々を管理しようとする。でも、たとえば夜型の人とか、低血圧の人とか、そうした管理になじまない人はいくらでもいる。

むしろ管理という行為が、ある特定の政府や学校といった権力に支配されていることに他ならない、とスコットは考えるのです。**他人に管理されず、自分を管理するのは自分自身なんだと主張する行為こそが、重要な「わがまま」なのだ**と主張しています。

気が向かないときはやめてみる

ここまで言っても、やっぱり「わがまま」言う勇気は出ないなぁ、という人は数多くいると思います。じゃなきゃ、こんな本は必要ないんだから、そう考えていることはすごくまっとうですよ。「わがまま」なんか言ったら、親から、友だちから、先輩から、後輩からどう思われるか怖いのは、だれしも同じことです。

2011年以降に、みなさんよりすこしだけ年上（当時20代くらい）の人たちが「安全保障関連法案（安保法案）」や「特定秘密保護法」といった社会的課題に関して、さまざまな形で社会運動をはじめました。彼らは国会前で演説をして、何万人もの人の前に立っている。そういう人って私たちとは全然違うように感じますよね。

だけど、彼らは演説のなかで必ず、「こうしてデモに参加していることにビビってい る」「デモに来るような人だと友だちに思われたくなくて、葛藤している」といった前置きをするんです（このことは富永京子『社会運動と若者』（２０１７年）に詳しく書いています）。つまり「デモ」や「社会運動」に対して抵抗を抱いている点では、まったく私たちと変わりないのです。

遠くに行ってやってみる

では、彼らはデモの場に出られたけれど、**出られない私たちはどうすればいいか？ その解決策として、「遠くに行ってやる」という方法をひとつ、提案したい**と思います。

自分の学校への不満は、もしかしたら他の学校でも同じように存在しているかもしれない。だから他の学校に行って主張してみる、というのもひとつの手です。

私の大学の学生で、自分の大学で起こっている問題に対して「わがまま」を言うのは友だちからどう思われるかわからなくて恥ずかしいから、同じ京都にある別の大学で活動をしているという人がいました。「でも、大学が違えば課題も違うんじゃないの？」と私が質問したところ、「今、私たちが通っている大学には、学生が自分で自分のことを決める、自治という理念が失われてきている。それは自分の通っている大学でも、他の大学でも同じことです。私は自分の大学では活動できないけれど、他の大学で行ったことは、めぐりめぐってこの大学の課題を解決することにも間接的につながるのではないかと思う」とおっしゃっていました。

この言い方は、すこしいじわるな見方をすると、何もしていないことを肯定しているだけに聞こえるかもしれません。「結局自分の大学では何もしてないんだったら、それって無責任じゃない」と感じる人もいるでしょう。

でも当然のことですが、ひとりの人がすべての課題を解決できるわけではない。それは2時間目でもお伝えしたとおりです。自分の生きているコミュニティで何かできない、じゃあ何もしない、というのではなくて、他のコミュニティで何かしてみるというほうが、何もしないよりよほどきちんと「わがまま」を言えているのではないかとも感じます。

「ボランティア・ツーリズム」という言葉があります。ツーリズムは「観光」という意味ですから、「ボランティアのための観光」ということになります。ボランティアは「支援」とか「人助け」みたいなイメージがあるから、余暇に行う観光という「楽しい」イメージと結びつけるのは、なんとなく不謹慎《ふきんしん》に感じられるかもしれません。ただ、今までしたお話を踏まえて、不謹慎で無責任かもしれないけれど、**遠くのことであってもできるかぎり関わるという行為そのものは、それはそれで大切なことなんじゃないか、**と感じてもらえれば嬉しいです。このお話は、5時間目でも詳しくお伝えしますね。

うまくいかなくても気にしない

私の周りにも、安保法案に対する抗議行動をしていた院生がいました。安保法案とは日本の集団的自衛権の行使を限定的に可能にし、自衛隊の役割を拡大する法案……と言うと難しいので、ここでは覚えなくても大丈夫です（気になる人は調べてみてください）。その学生は、安保法案の問題点をひとりでも多くの人に伝えるために、パンフレットをつくって人に渡したり、デモをしたり、安保法案の問題を考えるために学習会を開いたりとすごく頑張っていた。彼はお金がないわけではなかったようだけど、それでも関西は滋賀から兵庫まですごく広いので、片道１０００円以上かけてＪＲでデモに行ったり、関係のありそうな本を買って勉強したりと、ずいぶんお金も費やしたようでした。そういうこともあってか、２０１５年に安保法案が成立してしまったときに、めちゃくちゃ落胆《らくたん》してしまっていた。

こうした「失敗」は社会運動にはよくあることで、「社会運動の歴史は失敗の歴史」という人もいるほどです。たとえばデモにたくさんの人が来たとか、多くの政治家が自分たちの提案を聞いてくれたとか、社会運動が盛り上がれば盛り上がるほど、成功の可能性が上がれば上がるほど、うまく行かなかったときはつらいのではないかと感じます。

「わがまま」を言い続けるというのは、大変なことです。この本で何度も何度も繰り返したとおり、「わがまま」を言うだけで「あいつ変わってる」「なんか近寄りがたいな」という社会では、それをし続けるということも大変だし、言えば言うほど、自分で設定した「正しさ」のなかでがんじがらめになってしまうこともあるでしょう。一度はじめたんだから、成功するまでやらなければ、と思ってしまう人もいるかもしれない。ただ、一方で自分の私生活もある。学校で勉強したり、職場で働いたりしなくてはならないこもかかわらず、私生活を犠牲にしてまで社会運動にのめり込んでしまう人は、けっして少なくないようです。

ここから、すこし無責任なことを言います。**うまくいくまでやる必要はないし、それを自分がやる必要はない**んです。あなたひとりのことじゃなくて社会のことなんだから。

私はずっと、社会運動をやっている人だけではなく、社会運動をやめた人のインタビューも同時に行ってきました。社会運動に燃え尽きた――つまり、「わがまま」を言うことに疲れてしまった人は少なくありません。仕事と社会運動のバランスがうまく取れなくなった。理想の違いから同じ目的を持つはずの人とすれ違ったり、衝突《しょうとつ》したりしてしまった。そういうお話をたくさん聞くことがあります。

これは2時間目でお伝えした、「社会運動に意味がない」という批判とも関連することだと思うのですが、ただひとりの「わがまま」、ただひとつの社会運動だけで、そんなにやすやすと社会は変わらないのです。学習会を開いて、デモや集会をやって、それがマスメディアを通じて報道されて、多くの人がその問題について知ることができて、さらに他の人たちが起業をしたり、政治家に提案をしたりして、そうこうしているうちに人々の意識も変わってきて、社会は何年もかけて変わっていくものです。

その結果として、性別や社会的地位にかかわらず18歳以上の人が選挙に投票できるようになったり、年齢を条件に会社から人を解雇することができなくなったりという社会の変化がみられるようになりました。だから、社会運動にはたしかに意味がある。ただ、ひとりの動きだけでは社会は変わらないのです。

運動に参加した人々も、彼らに影響を受けた人々も、それぞれ何らかの形で自らの政治を続けていますが、それは社会運動なくしてはありえないはずです。

イギリスに「アクティヴィスト・トラウマ・サポート」という団体があります。この団体は、社会運動に参加することによって「バーンアウト（燃え尽き）」が生じる、その燃え尽きからアクティヴィスト（活動家、社会運動に参加する人）を救うため、カウンセリングや、活動参加者向けのパンフレットを配るといった試みを行ってきました。アクティヴィスト・トラウマ・サポートの人々はこう言います。「社会を変える」ということはすごく大変で、ある意味「非現実的」とも言えるような目標を設定するのだから、燃え尽きが生じやすいのだ、と。

キャサリン・ロジャースという人が、難民や貧困状態にある人々を支援するNGOの調査を行いました。その調査で、やめた人のひとりが、NGOの仕事を「永遠に終わらない、あまりに大きすぎる仕事」と語ったデータがあります。私はそれがとても印象的でした。ほんとうはもっとよい環境で働きたいと思いながら、「生きる権利を踏みにじられた人々と比べれば、自分たちのいる環境はちっとも厳しいものではない」と話し、整備されていないオフィスでがまんする人もいたと言います（Kathleen Rodgers "Anger is Why We're All Here': Mobilizing and Managing Emotions in a Professional Activist Organization", 2010）。

自分を含めた社会の状況をよくするためなのに、**あなた自身がつらかったり、疲れ果ててしまっては元も子もありません。**すこし「無責任」に思えるくらいがちょうどよくて、基本的に、自分がやらなくても、社会にとって大事なことなのだからだれかやってくれるという思いを持ち続けることは、自分の心を守るうえでも役に立ちます。

自分をカテゴライズしない

最後にひとつお伝えしてから、すこし休み時間をとって5時間目に参りましょう。それは「自分をカテゴライズしない」ということです。3時間目では「人をカテゴライズしない」ことについてお伝えしてきましたが、ここではあえて「自分をカテゴライズしない」としています。「そんなこと何度も言われなくてもわかってるよ」と言われてしまいそうですが、きっと「わがまま」を言う過程で、みなさんも変わってしまうでしょう。だから、「わがまま」を言いはじめて、慣れたときやすこし疲れたときにまたこの箇所を読んでほしいのです。

188ページで、「社会運動をやっている人は、就職活動を通じて企業に就職しづらくなると言われる。就職できないということはないが、自分の心がそうさせてしまうことは十分にありえる」という、まどろっこしい話をしました。このことについて、すこし説明させてください。

さきほども書きましたが、社会に対してわがままを言い続けるというのはすごく大変だし、この本の最初にも書いたとおり日本において、「わがまま」を何の臆面《おくめん》もなく言える人はそれほど多くありません。多数派ではない立場で行動し続けるのは大変で、「わがまま」を言い続けていると、あれもこれも全部問題を抱えているように見えてくる。自分の言動を振り返っても問題が見えてくる。そういうなかで生きていくのは、たしかにとてもしんどいことでしょう。

活動を続けていくなかで、自分だけでなく、周りも「正しくない」ものばかりに見える。テレビの特集も、雑誌の見出しも、電車で聞く会話も、ハラスメント的な内容だったり、差別的だったり、多様な人に配慮していないように感じられて、聞いていてすごくつらく感じられてしまう……。

とくに、就職活動で訪問するような企業や役所は、多かれ少なかれ「わがまま」を言う立場からすると悪いことをやっているように見えるかもしれない。従業員を安い賃金で働かせていたり、社内でハラスメントが起こっていたりする。そういうイメージで見てしまうから、そんなところでは働きたくないと感じて、就職活動をやめてしまう人もなかにはいます。

私は、それはそれで悪いことではないと思うのですが、そこまで自分を「これだ」と定めなくてもいいのにな、と思うことがあります。大人の世界ってそんなに極端ではないというか（それは子どももですけどね）、「自分はこういうことをしている、だからこういう人間なんだ」というのを、必ずしも貫かなくていいと私は考えているんです。

たとえば、すっごく男尊女卑《だんそんじょひ》的であったり、少数の人をばかにするような番組をつくっているテレビ局にも、そこに疑問を感じたり、一石を投じようとしている人は必ずいます。モテメイク、モテ服といった特集をやっている雑誌の編集者さんが、みんな異性に媚《こ》びたり、異性のパートナーがいることをよしとしている人生を支持しているわけではは絶対ないです。

私も大学教員で、特定の学校法人に所属している立場ですから、「わがまま」を主張するのには限界もあります。たとえば、今いろいろな大学で、構内でタバコを吸ってはいけない、いわゆる「全面禁煙」を呼びかけています。こうした呼びかけに対して、私は賛成する立場ではありません。もちろんタバコは身体によくないもので、私自身望ましいと考えてはいないですが、圧力をかけることで何かを禁止したり、抑制するということ自体にあまりいい影響を感じないからです。

キャンパス内ではタバコに加え、飲酒もよくないとされていて、「飲酒」「喫煙」が今のところ禁止されている。「禁止」されるという事実そのものに慣れると、そのうち「芝生が汚れるから、お菓子を食べるのはダメ」とか「トラブルの元になるから、学生同士のお金の貸し借りも禁止」というふうに、どんどん他のことも禁止されてしまうかもしれない。ただ、教員として学校に雇われている立場上、「キャンパスの全面禁煙をやめてくれ」というのにも勇気がいるから、「わがまま」を言ってばっかりというのもたしかにできない。教員をやめたら当然生活はできないですし……。

でも何も講じる手段がないかというと、そんなわけでは全然ありません。学生に対して、授業のなかで「こういう考え方もある」と伝えたり、教員同士で大学への不満について話し合い、モヤモヤを共有することもできます。大学であれ会社であれ、組織で働いている人というのは、そういう形で会社や学校、自治体への不満を何らかの形で発露《はつろ》しているんじゃないかと思うんですね。

ちょっと私にとってハードな話題になったのでキラキラした楽しい話を……。

あまり服に興味がない人も、「プラダ」というブランドは知っているかもしれません。日本では高級ブランドとして知られていますが、この経営者であるミウッチャ・プラダという人は、ミラノ大学で政治学を学び、１９６０年代の学生運動にも参加していました。

いわゆるハイブランドというと、お金もうけ第一で商業主義的だ……というイメージがあるかもしれませんが、シャネルのように政治的なメッセージを掲載したロゴTシャツなどをつくっているブランドはあります。

プラダも政治的なところがあるのですが、それはシャネルなどより隠れたところに現れていると言われています。現代社会を生きる女性に向けて、実用的な服をつくったり、あるいはそれまでになかった斬新なテキスタイル（布地）を組み合わせて、新しい発想を提示することが、プラダの政治的理念なのです。それは間違いなく、彼女が政治運動に関わった経験に端を発していると言えます（これも私は『ＶＯＧＵＥ』というファッション雑誌で知りました。雑誌も役に立つでしょ？）。

すこし話がずれてしまったのですが、「こういう商品を出しているメーカーだから、こういう人が多いんだろう」とか「この事件に対してこうした報道をする新聞社だから、自分の考え方とはまったく異なる」と思って、そういうものを自分の世界から排除してしまったり、そういう枠組みでものを見てしまうと、自分自身の可能性をどんどん狭めてしまうと思うんです。

みんながもっとあいまいな世界で生きている、だから自分もそうしていいんだと考えれば、すこしは楽になるんじゃないかな、と思います。ただでさえ、みなさんは自分に対する「キャラづけ」、「カテゴライズ」が強くなりがちだと思いますし、それで窮屈《きゅうくつ》な思いもしているでしょう。そのうえ「わがまま」を通じて、よけい自分を縛《しば》ってしまって苦しくなられたら、私も悲しいので。

ポイント

1 「わがまま」は、多くの人を巻き込んでみる。
2 趣味や生活のことと関連させながら話すと、伝えやすくなることもある。
3 「わがまま」は何かのついでにもできるし、こっそりやってもいい。つらくなったらやめてもいい。

モヤモヤするものを探す

そもそも「わがまま」を言おうにもそこまでイライラしてないよ、どうやって関心を持てばいいのかわからない、という人は多いと思います。そこで、イライラ・モヤモヤしやすい身体をつくり、当たり前を疑ってみるトレーニングをするために、**モヤモヤするものやことをまずは探してみましょう。**

2時間目のエクササイズと似ていますが、2時間目は、あくまで客観的な視点から「20年前と現在」を比べてもらったのに対して、今回はあなた自身の感情や経験により近い、主観的な視点を鍛えるトレーニングです。イライラ・モヤモヤするものは、ほんとうに初歩的なもの、「苦手な芸能人が出ている」とかそういったものでも最初は構いません。その苦手な気持ちに、「なんで?」「なんで?」と問いかけることで、自分が社会のどういうものが嫌なのかということがはっきりしてくると思います。

私の授業でやってみたところ、けっこういろいろ出てきました。なか

エクササイズ6

でも「浪人にならないために」というメッセージを出している学習塾の広告がモヤっとする、浪人はいけないことなの？という意見が興味深かったです。

たしかに、現在は「大学全入時代」を迎えていて、選ばなければどの大学にも自由に入れる時代です。そういう状況で浪人して大学に入学する人の比率もどんどん下がってきていますから、浪人が少数派として見られるし、「浪人しない」ということをひとつの目標にする高校生も、親も学校も存在するでしょう。

ただ、それがこの学生さんの目には「差別」であったり、「ふつう」のキャリアを理想視しすぎているとも見える。それだってひとつの「社会問題」です。かりにこの学生さんが浪人して大学に入ったとしても、いわゆる「現役」で大学に入ったとしても「高認（高等学校卒業程度認定試験）」を経ていたとしても、「正当なキャリアを理想視してそのコースを進ませようとする」ということに対してモヤモヤするというのは、すばらしく社会的な着眼点だと思います。それは、「大企業に勤めたほうがいい」とか、

モヤモヤするものを探す

「結婚して一人前」という社会規範に対する疑問ともつながるものです。

テレビをあんまり見ない人でも、コンビニエンスストアには行くんじゃないですかね。そのなかで「これねえわ〜」と思うものを探してみるのも手です。たとえば、商品表示にカロリーがいちいち書いてあって、気にしなきゃいけないのが嫌だとか。コンドームを買うと紙袋に入れられるのがモヤモヤするとか、身長が高いのでレジカウンターが低く感じて不便とか。

それ自体、健康にこだわりすぎる社会、性的なものを隠そうとする社会、ある「平均」に合わせざるをえない社会を反映しているわけで、みなさんのモヤモヤやイライラがどういうところに端を発しているのか、さらに言えば、そうした不満を「わがまま」につなげうる考え方の訓練になると思います。

① CMや商品など、「これイライラするなあ」というものやことを探す。

② ニヤニヤしたこととその理由について、ワークシートに考えをまとめ

エクササイズ6

て他の人にしゃべってみる。聞く人は、「なんで？」「なんで？」と繰り返し聞いてみる。「じゃあどういうのだったらいいの？」など、変化球を投げてみるのもよし。

③ 自分が、社会で何にモヤモヤ・イライラしているのかを、より明確な形で理解することができればよい。場所やCMを変えて繰り返しながら、自分が社会の何にイライラしているのかを検討していく。

人に言わせるだけ言わせておいて、私が言わないのも変な話ですから、すこしだけ私の経験を書いておきましょう。

大学生のとき、マクドナルドのトレイに載っている広告（これ、「トレイマット」と言うそうですね）が嫌でした。これはアルバイトの求人広告だったのですが、そこに出ているのがみんな女の子だったんです。

そうなると、その広告を見ている人の間で、「比較」というか「品定め」が生じる。大学の友だちなんかとマクドナルドに行くと、「どの女の子が好み？」「どの女の子みたいになりたい？」といったことを男女問わず言うんだけど、それがすごく苦手でした。広告に出てるくらいだからモデルさんだし、容姿について見られることは考慮《こうりょ》済みだし、ある意味「比較して盛り上がる」ことも考慮に入れての広告なんだろうけど、「容姿について比較する目線」が広告に潜《ひそ》んでいることがたまらなく気持ち悪かったんだと思います。

一応フォローのために伝えておきますと、2019年時点、マクドナルドのアルバイト求人の広告は、そこに写っている全員が男女どちらかに偏らないようにコントロールされています。これが過去の広告に対する批判やモヤモヤを踏まえて変更されたものかは全然わからないですけれども……。ともあれ、**どんな小さいことでもいいので、モヤモヤを探して、「社会的に」解釈《かいしゃく》してみましょう。**

モヤモヤするものを探す

じゃあ、モヤモヤ・イライラが定まったらどうすればいいのか？　次のエクササイズでは、みなさんも経験したことがあるかもしれない「署名」という社会運動を実験的にやってみましょう。

モヤモヤシート

身のまわりのものや日常の出来事のなかで、
モヤモヤしたことを書き出してみよう。
その理由を考えて、他の人にしゃべってみてもいい。

モヤモヤしたもの・こと	理　由	人と話して気づいたこと
（例）学習塾のCM	「浪人にならないために」というメッセージが強く、浪人することが悪い事のように思える	「ふつうのキャリア」を理想視して、それにそって進ませようとするのがイヤだ

署名を呼びかけてみる！

社会運動をやってみると、おもしろさや難しさがわかってくると思いますが、デモやスピーチ、シンポジウムをやるのは実際には難しいでしょうね。そこで、**手軽にできる社会運動として、「署名の呼びかけ」をやってみてください。**

まず、ひとつ「わがまま」を考えてみましょう。この「わがまま」の内容はほんとうになんでもいいです。「最近寒いから地球をどうにかしてくれ」とか「晩御飯はハンバーグがいい」とか。

で、実際に署名を呼びかけます。「晩御飯はハンバーグがいい」であれば、ハンバーグ好きは寄ってきてくれるかもしれませんが、「お前の家の晩メシなんぞ知らんわ」「私は菜食主義者なので許容できない」という人も大勢いると思います。

ただ、署名運動は一筆でも多く集めたほうが多くの人々の支持があると示せますから、自分に同意しない人々も説得しなくてはなりません。そういう人に、自分にとってなぜハンバーグが大事なのかを説明するロジックを考えたり、菜食主義者の人に対して肉食の切実さを訴える言葉を

エクササイズ7

考えなくてはいけなかったりするのです。

そして、クラスや部活でお互いに署名を募り合ってみます。けっして署名をたくさん集めた人が「勝ち」ということではありません。だいたいこういう場合、コミュ力の高いやつや、ユニークなキャッチフレーズを考えたやつほど署名を集めやすいはずです（こうしたこと自体はよくあるもので、たとえば芸能人や有名人が社会運動の呼びかけをするのは、一般人の支持を増やす効果を狙ったものでもあります）。

そのような過程も含めて「これでいいのか？」と感じてほしいのです。有名なやつ、人気なやつ、なんか口の達者なやつが主張にかかわらず署名を集める。そうじゃないやつはいくら説得しても署名を集めづらい。それでいいのか、と思うのもひとつの社会運動です。

複数人でやることによって、人に通じにくいテーマとそうでないテーマがある、ということもわかるかもしれません。あるいは、わかりにくいかな、と思っていたテーマでも、意外と説明したらわかってもらえたり、説明する過程で「ここは？」と質問してもらうことで、自分の考えていることがより明確になった……ということもあるかもしれません。

全然わかってくれない人に説得が通じたり、署名してもらえるとそれだけですごく嬉しい、という社会運動の達成感も、このエクササイズを通じてわかると思います。これなら、社会運動に苦手意識を持っていても、ぎりぎりなんとかそのおもしろさがわかる、「いける」んじゃないかなと思います（みなさんの言葉だと「いけるくない？」という感じになるでしょうか）。

署名を呼びかけてみる！

①署名を呼びかけるテーマを考える。とくに社会的・政治的なことでなく、今主張したいことでよい（晩御飯は魚じゃなくて肉がいい、体育の授業でハンドボールをやりたいなど）

②署名をよびかけてみる。たとえば、1週間とか3日とか期間を区切ってみてもいいでしょう。署名をするほうは、簡単に引き受けるのではなく、心から納得できたら名前を書くこと。いろいろ質問したり、その場で議論になってもOK。

エクササイズ7

③ 署名を集めてみて、考えたことをメモしたり、話し合ったりしてみる。
（実際の署名と同じで、集まったからうまくいくというものでもないので、とくに集められなくても反省する必要はないです。反省という観点からではなくて、単純に「気づいたこと」や「不満だったこと」「うまくいった秘訣」などを書き留めてみましょう）

実際にやってみると、コンビニとか、電車の広告とか、ＣＭを見る目が変わってくるでしょう。さらに署名をするなかで、社会運動ってただやるだけじゃなくて、**その過程で学ぶことや、おもしろいことがあるなと気づく**んじゃないでしょうか。それまで自分の見ていた世界に対して、全然異なる見方ができると新鮮な感覚がありますよね。

「わがまま」の意義と楽しさがわかったところで、最後の時間では、この「わがまま」をさらに多くの人のために使っていきましょう。

署名シート

主張したいテーマを決めて、その主張に賛同してくれる人の
署名を集めてみよう。賛同者が少なくても大丈夫。単純に「気づいたこと」
や「不満だったこと」「うまくいった秘訣」などを書き留めてみましょう。

主張：

内容：

署　名　欄		

気づいたこと：

5時間目

「わがまま」を「おせっかい」につなげよう

他人のことでも「わがまま」言っていい

ここまではずっと、「わがまま」という言葉を使いながら社会運動に対する拒否感がどんなところからきているのか、「わがまま」にはどういう意義があるのか、「わがまま」が言いやすくなる心構え、さらに「わがまま」の方法としてどのようなものがあるのかを説明してきました。

「わがまま」を言う。これっていわば、何かの当事者として声を上げることですよね。「俺のバイト代、明らかに少ないからなんとかしてくれよ」とか「子どもを預けるところがないからそういう場所をつくってほしい」というのは自分のモヤモヤについて声を上げることです。

では「食事を3食食べられない子どもが多くて困ってるらしいから、デモで多くの人に知らせてやろうぜ」と大人が思うとか、「外国人研修生たちは、過酷な労働環境でつらい思いをしているから、外務省に署名でも集めて送ってみようよ」と日本で生まれ育った人が思うのは、「わがまま」でしょうか？

2時間目で見ましたが、私たちにとって政治と生活は遠いと感じられがちです。その実態を踏まえて、近年、遠い「政治」を近いものにしようと、多くの社会運動やNPO(Non-Profit Organization、非営利組織)、ボランティア活動が行われています。生活のいろんなことを社会問題や政治問題と捉えて「自分ごと」に結びつけようとする試みは4時間目でもいろいろ紹介しましたが、**自分に引きつけて語ろうとすればするほど「自分と関係ないものについて語れない」という雰囲気をつくってしまう**ことがある。

こういう「自分とは関係のない話」がしづらい空気は、大学で教えていても感じます。大学で行われる政治をテーマとした話し合い形式の授業でも、自分の生活とは遠いものの話題はあまり出ず、自分の生活に関連する知識のなかでしか話せない環境ができてしまう。たとえば、「労働」の話になると、自分の就職活動や、学生として行っているバイトの話で、非正規でしか生きていけない人やワーキングプアの人の話はしづらくなってしまう。かりにこうした人向けの制度を考えようという場合も、「当事者が納得するかどうか」がものさしになるから、「自分は当事者ではないので決められない」となってしまう。

4時間目には、「フレーミング」のひとつとして身近なものに引きつけて語ることが有効だという話をしました。たとえば、安全保障の問題ひとつとっても、「日本とアメリカが……」というより「私は戦争をしたくない」とか「家族を守りたい」という伝え方をしたほうが、ずっと身近な問題だと感じてもらえるし、だからこそ多くの人に伝わる社会運動もたくさんある。

ただ、この伝え方の弊害は、メッセージを聞く側が自分の身近な範囲でしかその問題を認知できない可能性があることです。実際は社会運動をしている人が身近に引きつけた語り方をしたからといって、難しい外交や政策の問題についてわかっていないわけではない。このような伝え方は意図的に選ばれたものなんです。ただ、聞いている方はそれがわからないから、結果として「身近でない」問題を考えることが困難になる。

じゃあ、自分とはまったく関係のない政治的な課題、社会問題について私たちが関心を持ったとき、他人のための「わがまま」をどのように言っていくか——自分のための「わがまま」を、いかにして他人のための「おせっかい」へと変えていくか——ということを、この時間は考えていきましょう。

「うち」と「よそ」はつながっている？

「情けは人の為ならず」ということわざがあります。誤用が多いといわれることわざのひとつです。「情けをかけても人のためにならない」という意味と誤解する人が多いらしいんですが、ほんとうは「人にかけた情けは、めぐりめぐって自分を助けることになる。だから、他人に親切にしよう」という意味だそうです。こういったことは、社会運動に関しても言えるかもしれません。

4時間目の「遠くに行ってやってみる」という話で、自分の大学では社会運動ができないけれど、他の大学では社会運動ができる、そして他の大学のことは自分の大学のこととともつながっているんだ、とお話された学生さんの話をしました。どこの大学にも学費の問題があり、奨学金の負担は重く、喫煙や飲酒といった行為はどんどん規制されていく。それを踏まえれば、他の大学での活動を通じて得た問題意識が、自分の大学生活にもつながる、というのはわかりやすい話でしょう。

もうすこし視野を広げると、この大学の問題は、社会の問題にもなります。

これを読んでいるみなさんは、大学生ではなくて中学生や高校生の可能性もありますから、中学や高校で起きている問題にしましょう。たとえば、部活での「いじめ」や「しごき」で苦しんでいる人がいる、でも、そのことを言い出したらレギュラーになれないとか、同じように耐えている友だちの邪魔をしてしまう、部活全体の足を引っ張ってしまう、あるいは内申点が悪くなる……そういった事情から、いじめやしごきを告発できないという人がいるとします。

それは中学や高校だけではなく、社会人の職場で起きていることと近いかもしれません。ある人が勤め先で、不条理なノルマを押し付けられたり、上司からの嫌がらせを受けている。本来、労働組合であるとか、ハラスメント相談窓口などがあって、こうした問題を伝えに行けば解決してくれるんだけれども、昇進にかかわる、同じようにがまんしている同期との仲が気まずくなる、職場全体の空気を悪くしてしまうかもしれないから言い出せない。

このように考えると、学校の問題は、職場の問題にもなりえますし、私たちの社会に共通して存在する性質とも言えるでしょう。

だからこそ、「よそ」で何かすることは、結果として（今困っていてもいなくても）自分の今いる社会、たとえば学校や家族を改善することにもつながると言える。

学生時代、私がボランティアをしようとすると、うちの親に「そんなよそのことより、まず自分のことをちゃんとやりなさい」と言われたのですが、今であれば「よそのことをやることは、結果として自分のことになるんだ」という反論ができる。

経済のグローバル化に反対して、途上国支援の活動に関わっていた人が、その後日本で、低賃金のアルバイトで働いている人を支援する活動に関わるようになったというお話を聞いたことがあります。

それまでは、途上国にある先進国企業の工場で働いている人や、途上国で十分な教育を受けられない人を支援する活動をしていたのですが、その経験を踏まえて周りを見てみると、じつは日本にいる私たちも同じような構造のなかにいることがわかった。大企業の上層部の人々（もちろん、その人たちはその人たちでいろんな苦しみを抱えているわけですが）は、アルバイトや派遣労働者といった非正規雇用の人々を安く使いながら、自らの経済活動をより発展させようとしているという点で、先進国と途上国とを問わず、じつは同じような関係があるんじゃないかという話をしていました。

さらには、途上国の労働者と同じように、アルバイトや派遣労働者はいろいろな事情から、なかなかその立場を抜け出せないことが身をもって理解できた、とその人は言うのです。**「よそ」での経験が、社会問題に対する関心をつくりあげ、「うち」とつながっている、と理解できた例**といえるでしょう。

よそ者だからできることがある

それでもどうしても私たちは「よそ者」であるときがあります。たとえば、アフリカの貧しい子どもがかわいそうだ、これは社会問題だ、というと、少なくとも日本語でこの本を書いたり読んだりしている私たちは多くの場合、その問題に対してよそ者である可能性が高い。他にも、たとえば天災等で自分が被害を受けたとしても、「自分よりもかわいそうな目に遭った人がいる」と思うと、その問題の当事者として振る舞いにくいと感じることもあるでしょう。

ただ、「自分がある社会問題によって、何らかの被害を受けた」という感覚からしか「わがまま」が言えないとなると、私たちが「わがまま」を言ってもいい範囲というのは、どんどん狭まってしまいます。「わがまま」が本来持っている可能性を、自分で狭めてしまうというのかな。

もちろん、想像力を活かして、一見当事者ではないように見えるけど、じつは自分もその問題の当事者なんだ！ということは、主張できなくもないでしょう。たとえば戦争の問題でも、「もしかしたら自分が徴兵されるかもしれない」ということもできる。ただ、そうやって**自分が問題の当事者である領域を広げる一方で、それでも想像が及ばない「よその世界」というものはあります。**

1時間目で、「層」という言葉を使いながら説明したように、私たちの想像や視界の届く範囲には限りがある。いくら想像しようとしても、全然生活環境が違って、私たちの思いもよらないことで苦しんでいる人はたくさんいる。そういう人たちの問題について、当事者でない人は何も口出しできないのでしょうか。自分がその問題によってほんとうに困っている、あるいは、困る可能性がある、という気持ちから出る「わがまま」でなければ、やっぱりうさんくさくて、偽善っぽい、ということになるのでしょうか。

たとえば、痴漢やハラスメントの被害がある。こういうときに被害に遭った人だけの立場から痴漢を政治的、社会的な問題にしてしまうと、それ以外の人々——ハラスメントをする側でもされる側でもないと思っている人——にとっては、「あ、じゃあ自分は関係ないじゃん。まあする人はするだろうけど、それは一部のおかしなやつだけじゃん」という感覚になってしまってもおかしくない。実際は、他人にひどいことをしても、それを失礼だと思っていない、という多くの人の間違った認識のうえに成り立っているのだから、「おかしなやつ」に限らず、だれでもハラスメントを生み出す空気をつくっていると言える。だからこそハラスメントをしたこと・されたことのない男性も女性も、「よそ者」であるけれども関わる必要があると言える。

またパッと見はハラスメントなんかに全然遭わなそうな人だって、被害に遭うことはあるし、その場合表沙汰にはなりにくい。被害に遭うことが想定されやすい人々、たとえば女性や年少者とはまた違う意味で、恥ずかしくて、だれにも話せない、ということもあるのでしょう。このような場合でも、多くのよそ者が痴漢やハラスメントの問題に関わっていたとしたら、すこしは語りやすい空気ができるのではないでしょうか。ある社会問題によそ者が関わることは、被害を受けたと見なされにくい被害者や悩みを抱えた人を救うことにもなるのです。

よそ者だから貢献できることはけっこういっぱいあります。五十嵐泰正さんが、『原発事故と「食」』（2018年）という本を書いています。2011年東日本大震災をきっかけに起きた福島第一原発事故後に、福島の農作物は放射能汚染されているのではないか、ほんとうに食べても大丈夫か、と農作物の安全性が問われてきました。この本では長い時間をかけて市民がどのようにその信頼を回復したか、という経緯が書かれているんです。

このような問題は、福島に住む人や、縁のある人であればあるほど声を発しにくい。なぜかというと、生産者も、もっとも被害を深刻に受け止めている人々も福島に住んでいるのだから、「私はこう思っている」と言うことは、近くにいるだれかを傷つけたり、だれかの利益を奪うことになりかねない。それぞれに傷も深く、奪われたものも多いからうまくコミュニケーションできない。

そこで力になったのが、福島県外で生活している消費者や、原発問題について知識を持つ科学者でした。この本の著者である五十嵐さんも同じく福島の外にいる方で、だからこそ原発事故と食について、実践をまとめた本を書くことができた部分もあるんじゃないかと私は考えています。

よそ者だから関われることは、他にもあります。たとえば、アフリカなどでは、「スラム・ツーリズム」が行われています。現地のガイドの案内のもと、民家や学校、土産物屋やレストラン（というよりは「バー」とか「屋台」とかいった簡易な業態のところも多いと思いますが）などさまざまな場所への訪問を通じて、スラムの文化を理解するための観光です。貧困が生じている現場を目の当たりにしつつ、現地にお金を払うことで、経済の活性化を図る試みですが、一方でスラム住民の生活が「見せ物」になってしまう点で、倫理的な観点からは批判されています。みなさんも、「うわー、これが日本の高校生の生活かー。こんなにしょぼい教室で勉強してるんだ。かわいそう」と言われたらショックでしょうから、スラム住民にもそういう気持ちを与えてしまう可能性があるということですね。

もちろん、倫理的にはこの批判の通りで、実際にはスラム・ツーリズムが成立しうる構造そのものを変えていかなきゃいけない。ただスラムの人々はそれで生計を立てていることも否定し難い事実ですし、旅が学びを与える可能性は十分にある。だから、よそ者であることをうまく使った支援や応援のあり方って、「おせっかい」という観点からすれば「アリ」ではないでしょうか。

空間のよそ者じゃなくて時間のよそ者、という考え方もできる。ある社会的被害について、「風化」という観点から語られることは、すごく多いですね。それこそ東日本大震災でも、人々の記憶から原発事故が薄れつつあることが問題にされますし、戦争の悲惨さを伝える活動でも、語り手が高齢化し、その経験を後継者へと語り継ぐことが課題視されています。

一方で、時間が経ったからこそ言えることもある。たとえば、セクシャル・ハラスメントの被害などでもそのような効用はよく聞かれるところです。当時は振り返るのもつらかったが、今になって捉え直すことができたから被害を明るみに出した、という人もいます。こういう告発に対して、「そんなつらかったなら、なぜ今になって言うんだよ」

という批判もあるかもしれませんが、つらすぎることやほんとうに思い出したくもないことって、記憶に蓋《ふた》をしてしまうんですよね。でも、あるとき何かスイッチが入るというか、類似の事例を目にしてはじめて、噴き上がるように思い出すことがあるんじゃないかと、私はある人から相談されてはじめて気づきました。

ここまでの私の考えをまとめると、**「今のお前に関係ねえじゃん」と言われたら、「いや、自分のことじゃないからできるんだ」と堂々と言えばいい**のです。たとえば、福島や広島に住んでいないとか、この問題の被害者じゃないとか、あるいは被害者であったのがはるか昔であったとか、どんなよそ者であっても「わがまま」を言っていい。そのような「おせっかい」が、その被害者のために、かつての自分のために、未来、もしかしたら自分が被害者になるときのためになるかもしれない。

よそ者がいると「その人」が目立たなくなる

社会問題の被害に遭っていない人が声を上げることには、さらに具体的なメリットがあります。それは、**いろんな人が「わがまま」を言うことによって、被害に遭った「当**

事者」がわかりにくくなるということです。と言ってもイメージがわきにくいので、具体的な例をあげて説明しますね。

「血友病《けつゆう》」という病気があります。出血した場合に血が止まりにくくなってしまう病気なのですが、そのときに血液を凝固《ぎょうこ》させるため、「血液製剤」というものを使う必要がありました。ですがじつは、厚生省（現厚生労働省）のお墨付きを受けて1970年代に使われていた血液製剤にウイルスが含まれていたのです。それが「HIV／AIDSウイルス」というものでした。1980年代に、およそ2000人もの血友病患者がHIVに感染したのです。

HIV／AIDSウイルスそのものに対して、（とくに同性同士、男性同士の）性的な接触から感染するといううわさがあったために、血液製剤を通じてHIV／AIDSウイルスに感染した人々に対しても強い偏見が存在し、「自分はHIV／AIDS患者だ」と言いづらい状況ができてしまいました。

そんな状況で、患者たちは厚生省と製薬会社に対して、損害賠償を請求する訴訟を行います。ただ、感染被害者が表に出て訴訟をしますと言うと、「この人が感染被害者なんだ」とわかってしまいますよね。被害者が差別されていた当時において、それはものすごく被害者を生きづらくさせる行為だったのです。

だからこそよそ者の存在が役に立った。多くのよそ者が一緒に声を上げれば、その人たちもそのなかにまぎれて活動することができる。これは社会学者の本郷正武さんが詳しく書かれています（『ＨＩＶ／ＡＩＤＳをめぐる集合行為の社会学』、２００７年など）。

このような事例は他にもたくさんありますが、近年のものだと、雑誌『週刊ＳＰＡ！』に対する大学生の抗議行動がそれにあたるでしょう。これは、『週刊ＳＰＡ！』が、「ヤレる女子大学生ＲＡＮＫＩＮＧ」というタイトルで、いわゆる性的な関係に持ち込みやすい女性の特徴を男性目線からランキングづけした記事に対する抗議行動でした。記事では実在の大学名をあげて、「○○大学の女性は『ヤレる』」という言い方をしたわけですね。当然、その人が通っている大学で性的な関係が取り結びやすいかそうでないかなんてわかるわけがないし、それを雑誌という、だれでも読める媒体に掲載するのもとんでもない話です。そこで、女子大生が抗議の署名を集め、編集部と対談をしました（ハフィントンポスト　２０１９年１月14日「週刊ＳＰＡ！編集部『女性をモノとして扱う視点があったと反省』　署名を集めた大学生らと直接対談」）。この抗議行動の代表となっていた女性は「ヤレる」と称された、誹謗《ひぼう》中傷された大学に所属していう女性ではありません。しかし、実際にランキングに名前が書かれている大学の学生が立ち上がれば、心ない人々にそういう目で見られてしまう可能性がなくもない。だからこそ、よそ者だと言われても、立ち上がることは大事なのです。

よそ者資源が役に立つ

社会運動論には「資源動員論《しげんどういんろん》」という理論があります。社会運動に参加する人々はどんな人かを問う理論とここでは考えてください。

それまでは、怒りや感情が人々を社会運動へと押し進めるのだと言われてきた。しかし、資源動員論を唱えている人はどちらかといえばクールで、「お金とか時間、そういう資源を持っている人が運動に参加するに決まってるやん」と言います。

「そりゃそうだろ」という感じもしますが、この理論をよそ者と当事者の議論に当てはめると、ただたんに資源のある人が運動に参加する、という以上のことが見えてきます。

震災というと2011年の東日本大震災をイメージされる方が多いと思いますが、関西では2018年に大阪府北部地震があり、私はそこで帰宅困難者になりました。

私は震災のせいで家に帰れなかったり、授業に出られなかった、つまり「被災」したにもかかわらず、自分が被災者とは思えませんでした。実際に被災地のなかでボランティアによる支援を遠慮する人はとても多くて、その人たちは「うちは、だれかに助けに来てもらうほどではない」「自分の地域は今、被害が大きいほうではない」といった理由で断るのだそうです。つまり、**もっとひどい状態にある人々と比べれば、自分は被害者ではないと思ってしまう**のですね。

こうした状況ですこしだけ距離を置いた支援者の関わりが重要になってきます。実際に、大阪府茨木市の震災においても、ボランティアは市外の人がほとんどで、とりわけ過去にボランティアで活動した経験のある災害NPOの人々は大活躍したと言います。東日本大震災のときも、全国から東北に集まったNPOやボランティア団体の力がなければ、各地の災害救援活動は実現しなかったとも言われています。食料支援やがれきの片付けだけでなく、足湯やお茶会を行ったり、亡くなった人々の思い出が詰まった写真の洗浄など、必ずしも生活に必要じゃない、でも心のケアにつながるような活動が数多く行われたのは、彼らがいい意味で問題のよそ者だったからでしょう。

同じことが社会運動にも言えると思います。「わがまま」を言うべき立場の人はなかなか言い出せない、だから代わりに言ってあげることは大事だし、もしかすると代わりに言うことがじつは自分自身の言いたい「わがまま」と結びつくことがある。

環境問題も食糧問題も、さきほどあげたような医療の問題も性の問題も、その被害を受けた当事者はすごく傷ついていますよね。エイズウイルスに感染したというレッテルを貼られて、ただでさえ医療費もかかるし、他の人より生活にコストもかかってしまう。そんななかで社会運動をする気力が出るかといえば、おそらくまったく出ないでしょう。特定の大学に通っているというだけで「ヤレる女」扱いされて、その誤解を解こうと説明するためには時間を使うでしょう。変な目で見られれば心もボロボロになってしまうし、周囲にはもっとひどい目にあった人もいるかもしれない。

社会問題の当事者は、スラムの住人であれ、レッテルを貼られた女性であれ、薬害被害者の方々であれ、多くの場合資源を持っていないのです。**よそ者は、少なくとも彼らに比べればずっとお金や体力といった資源を持っている。**だから社会運動に参加して、自分のことではない問題を世に訴えることができるとも言えるのではないでしょうか。

だれだっていつかはよそ者になる。でも、それでいい

そもそも、私たちの人生ってコロコロ変わります。中高生のみなさんだって、あと3ヶ月もすれば行きたい大学だって就きたい仕事だって変わっている可能性がある。私はそれで全然構わないと思います。

ですが、社会運動をしている人が「ブレる」「揺らぐ」ことに対して、世間の目はやたらと厳しい。

若い人が労働問題や安全保障の問題に対して声を上げても、ともすると一過性で終わってしまいがちです。それはそのはず、彼らだって就職活動や他にやらなきゃいけないことがありますし、社会運動でお金は稼げませんが、就職先がないと生活が立ち行かないのですから。そういう人に対して「どうせ一時期だけ楽しみたかったんでしょ」とか「やめるくらいならやるなよ」「ずっと関わらないのは誠実じゃない。偽善だよ」「本気でやってる人（だれ？？？）に失礼だ」という声は、社会運動をしていない人のみならず、し

ている人同士の間でも浴びせられることがあります。

ただ、これは1時間目で話したこととつながりますが、そもそも私たちの人生がどのように変化するかわからない現在、**「お前の立場がどうなろうとも、継続して同じように社会問題に関われ」というほうがずっと無理な話**でしょう。

人生で同じ問題を追いかけられる時期は限られています。学校にいれば校則や教育の問題が気になるだろうし、就職すれば賃金や税金の問題に関心を持つかもしれない。子どもができたら、子育て環境をよくしたいと思うのかもしれない。そういう意味では、社会運動って、興味関心に合わせて変わって全然問題ないし、言いたくなる「わがまま」の種類も変わってくる。

裏を返せば、自分がまさに何かの社会問題の被害に遭っている「その人」だったとしても、いつかはよそ者になるんだから、よそ者が何かの問題を訴えても別に全然構わないんです。だって**結局みんなよそ者になるんだし、問題だっていつ解決するかわからないんだから、解決するまで付き合うわけにもいかない**でしょう。4時間目の「うまくいかなくても気にしない」でもすこしお話ししましたが、個人にやれることは限られています。

だから、ある問題によそ者が関わることだって、限られた時間、限られた場所で関わることだって、別に構わないと思います。

ボランティアに3日だけ行きました、というといかにも偽善と言われそうで、やった側も「いや、休みがもっと長かったらもうちょっとやりたかったんだけどね……」とか「短い時間ですごく申し訳ないんだけど……」と言い訳したくなるんだけど、でも全然いいと思います。だって当人が楽しんでようが偽善だろうが一時の気まぐれだろうが、そこで確実にがれきは撤去《てっきょ》されたり、人の助けになってるわけですからね。

それでやめて日常の生活に帰りましたっていうのは、外から見たらあさはかに見えるのかもしれませんし、「お前ががれきを撤去して、お茶会やったぐらいで被災者の心の傷は癒えないんだよ」と言われるのかもしれません。でもそうした努力を複数人が、長い時間かけてやることによって、がれきが撤去されてきれいな元の町並みになったり、ちょっとしたイベントで人が元気になる、つまり社会が改善される。だから、**よそ者でいいし、短期的なかかわりでいい**んじゃないでしょうか。

もうこの時間も終わりに近いので、最後に私と、私の「先生」の話をさせてください。

何度かこの本で書いている通り、私は先進国と発展途上国の経済的な格差を問題視する「反グローバリゼーション運動」と呼ばれる社会運動の研究をはじめました。はじめてから5年くらい経って、大学院生として生活していて、じつはすこし、自分の家族にアクシデントが起こってしまったのです。

そうなると、だんだんグローバリズムとか南北問題とか、そういった事柄に関心を持つのもしんどくなってきた。そこで、一度インタビューしたことのある活動家の方にお話を伺ったんです。

「5年前とはだいぶ関心が変わってしまって、もう反グローバリゼーション運動に強い関心を持てそうもない。一度失った関心を取り戻すには、どうすればいいでしょうか」と。

そうすると、その活動家の方は、「人は生きていれば変わる。私も高校の頃から活動をしていたけれど、大学に進学して、仕事（その方は小学校の先生でした）に就いて、子どもができて、地域の付き合いをするようになって、その時々で関心を持った問題も関わる運動も大きく変わりましたよ。ブレブレだったんですから」と話していました。

つまり、当初の問題意識からどんどん移行するという意味ではよそ者であり続けたということですよね。

私はこの答えを聞いて、すごく意外でした。じつは彼女は、私の小学生時代の担任の先生でした（もちろん、小学生時代に社会運動の研究をするとは思っていなかったので、彼女にコンタクトを取ったのもまったくの偶然です）。その頃から社会運動を熱心にやっていたことはなんとなく知っていて、私の知っているだけですでに20年近くの年月、「わがまま」と「おせっかい」を訴え続けていた先生が、それほど「ブレブレ」であるようにはまったく見えなかったのです。

たとえ、当初の問題意識から離れたよそ者だったとしても、社会の生み出す問題に関心を持ち、政治を何かの形でよくしようと感じていて、その気持ちを生活のなんらかの過程に反映させているのなら、たとえば冒頭であげたような批判――「やめるくらいならやるなよ」とか、「誠実じゃない」とか――を言われる筋合いはまったくないと思います。

わがままで遊ぼう！

ここまで、社会運動を「わがまま」あるいは「おせっかい」として捉えて、その「わがまま」を私たちが躊躇《ちゅうちょ》したり、嫌ってしまう理由、「わがまま」を言いやすくするための心構えや具体的な方法についてお伝えしてきました。

「わがまま」にせよ「おせっかい」にせよ、社会をよくすることで、自分のみならずだれかが幸せになる、不幸でなくなる可能性がある。いいことをしていることで、罪悪感を持つ必要はないのではないでしょうか。

私の目から見ると、学生さんは何か「社会」に関わりたがっているような印象を受けます。よく聞かれる質問に「学生のうちにしておくことは何がありますか?」というものがあるのですが、これに対して「大学で勉強するというのじゃダメ?」と聞くと、複雑な顔をされます。

アルバイトであれ、インターンシップ(企業などにおける職業体験)であれ、何か大学の外にある「社会」に触れたい、という思いが強いのでしょう。それ自体はとてもいいことだし、真面目に社会と関わりたいというか、人から必要とされたいという気持ちが強いことの現れでもあるでしょう。そういう充足感を得るためにボランティアや社会運動をすることは、私は悪いものではないと思います。

社会の構造や規範、制度を変えたいと考えて、企画を立てたり人を集めたりする営みは、当然のことながらクリエイティブで、楽しむに足る要素がたくさんあるし、それを「楽しむな」「真面目にやれ」というほうが不自然でしょう（そもそも、楽しむことと真面目なことは両立します）。実際にこれまで紹介した社会運動にも、「これならやれそうだな」とか「ちょっとおもしろそうだな」と思われるものはそれなりにあったと思います。

社会運動がもたらした……とまで言っていいのかわかりませんが、政治行動とか集合行動の影響を引き継いだおもしろい文化に、野外ロックフェスや音楽雑誌があります。近年多くの人が参加している野外フェスですが、元々は、何もかもお金で解決できるような「便利な都市」から離れて、音楽をお金で消費するものではなく純粋に楽しもう、という試みだったのです。イギリスのグラストンベリーやアメリカのウッドストックは、1960年代や1970年代に発生したヒッピー・ムーブメント（お金や便利さによらないライフスタイルを目指す社会運動）の影響を色濃く引き継いでいますし、日本発の本格的なロックフェスティバルである「フジロックフェスティバル」の設立者である日高正博さんも、インタビューで1970年代の社会運動に参加した経験と、その間接的な影響を語っておられます（永井純一『ロックフェスの社会学』、2016年など)。

同じロックということで言えば、『ロッキング・オン』もまた、社会運動の経験をもつ、渋谷陽一さんや、橘川幸夫さんらが創刊した雑誌です。

これは『ロッキング・オン』の創始者のひとりである橘川幸夫さんが執筆された『ロッキング・オンの時代』(2016年)に書かれていますが、彼らは音楽を批評することによって、当時主流であり権威と言われていたような音楽を超えた、新しい形での音楽との関わりをつくろうと考えたのです。

最初はあくまで東京でつくられ、小規模にしか流通していなかった雑誌が、今私たちの手に届いている。その源流のいくばくかが1960年代の社会運動にあるのは、なんだか信じがたいような気もしますが、そういう事実があるのだから、社会運動の文化的な意味というのも信じられるのではないでしょうか。

この時間には、今までみなさんにやっていただいた「エクササイズ」はありません。あえて言うとすれば、自分が今まで関係ないと思っていた事柄に、みなさんがちょっとでも関われるようになれば、それがこの時間で覚えていただいた内容のエクササイズになりますし、この本で伝えたいと私が思っているのも、そうしたことで間違いありません。

最後に、すこしだけ1時間目と2時間目の話に戻りたいと思います。

私たちは、一見「ふつう」に見えるけれど、その実ものすごく多様で、しかもそれが見えにくいのが現代の社会だ、とお伝えしました。だからこそ「わがまま」を言うとき、自分が、社会問題の被害者なんだ、ということを、自らの経験や日常から語らなくてはいけなくなる。そうしないと、被害者であることすらわからないほどに、私たちの傷や痛みは「ふつう」に見えるその外見の奥底に沈んでいるからです。

「ふつう」のなかに隠れて見えない、ほんとうに多様な人たちがいる。その人たちと、「同じ職業」とか「同じ性別」とか、そういう「同じ」ではつながれないから、経験の語りをもってつながろうとするのが「わがまま」だとするなら、多様な人たちの多様性をそのままに、立場は全然ちがうけれど、でも尊重しようとするのが「おせっかい」なのではないかと考えています。そして、「わがまま」と「おせっかい」、どちらもこの世界のカラフルさを保ったまま、その色彩を鮮やかにする試みです。

自分の「わがまま」でも、人のための「おせっかい」でも構いません。この本を読んでいるあなたが、あなた自身や他の人のために声を上げて、あなたにとっての社会を変えていく助けになれば、著者としてこれほど嬉しいことはありません。

ポイント

1 身近なことに引きつけて「わがまま」を言うことが多くなると、「自分と関係ないことについて語れない」という雰囲気ができてしまう。
2 「わがまま」を通じて自分の当事者感覚を広げていけるが、それでも想像が及ばない「よその世界」がある。
3 よそ者だからこそ言える「わがまま」、つまり「おせっかい」がある。
4 「わがまま」と「おせっかい」、どちらもクリエイティブ。楽しんでやってもいい。

おわりに

社会運動の研究者だから、現代の社会運動について話をする機会は多い。2年前、あるシンポジウムに登壇したとき、質疑応答の時間に学生からこんな質問を受けた。「高校生のとき、安保法案への抗議行動に参加した。でも、結局政策は変わらなかった。結局私たちの自己満足だったのだろうか」というものだ。

私は、そんなことはない、あるひとつの運動で社会は変わらないかもしれないが、私がこの研究をして本を書いたのは、紛れもなくあなたの携わった運動があったからだ、とお話した。その後、その学生と、ゼミの学生たちを交えて何度か研究室でお話をした。講演にも来てくれて、勉強になりそうな機会には一緒に出かけた。ただ、あるときを境に、連絡することをやめてしまった。向こうからも連絡は来なくなった。

なぜ、連絡をためらったのか。『社会運動と若者』という私の2冊目の本が出て、いくつかの記事に取り上げられた。そのうちひとつの記事で、若い人の社会運動を論じた私の発言がややセンセーショナルな切り取られ方をしてしまったのだ。それが、私に彼女への連絡をためらわせた間接的な原因だった。

現代の社会運動に対して、いわゆる「冷笑的」「批判的」な研究者だ、という捉えられ方をされたし、されても仕方のない内容だったと思う。社会運動をしている多くの人の目に触れ、疑問や批判を持たれたであろう記事だったから、その反応込みで彼女の目にも入っただろうと思うと、前のように私の話や存在を許容してくれるとはとても思えなかった。

幸運にもというべきか皮肉にもというべきか、その後もさまざまな仕事のご依頼は続き、ありがたくお受けした。機会をいただいて発言と執筆を続け、狭い範囲ではあるかもしれないが、すこしずつ自分の見られ方が変わってきたのではないかとも思う。

ただ、どれほど多くの人の目に触れる媒体で発言しても、たったひとりへの「最近どうですか」という一言が言えないまま、今に至っている。

彼女たちの社会運動に惹かれて研究をした。その結果として、運動の担い手を大きく失望させたという事実は、研究者であればだれしも耐え難いものだろう。しかし、私の持っている社会運動に対する立場——社会運動の目的には同調するものの、参加には躊躇《ためら》いがあり、一歩踏み出すことがどうしてもできない——は、どうしても変えることができない。であれば、その躊躇いや踏み出せない思いがどこから生まれているのか説明することが、また、いわゆる社会運動という形をとらずとも可能な運動のやり方や魅力を描くことが、私なりに彼らの活動を引き継ぐことになると考えたのだ。

この本のアイディアの多くは、調査を通じて出会った社会運動の人々と、彼女をはじめ、教員として大学や市民講座で出会った若い人々との交流のなかで生まれたものだ。社会運動のなかでは、常に「正しさ」を問われる。何がその場で（そして、もちろんしばしばその場を超えて）正しく、人を傷つけないか、そこにいる人々が知識や経験を持ち寄って話すこと、実践することは、つらいけど、楽しくて創造的なことでもある。

研究室で、ゼミの教室で、非常勤先で、私は学生や若い活動家の人々と、私たちの生活をめぐる「正しさ」をめぐってよく話したし、よく悩んだ。差別的な言動をする身の周りの人に対して、どのように注意すれば空気を壊さずにすむか。恋愛や結婚といった話題を「ネタ」にして盛り上がることは、一概によくないことと言えるのか。いささか刺激的とも感じられるような、いわゆる「パワーワード」を繰り出しながら議論を繰り広げる若い人たちの表情は、この本を書いている最中にも絶えず浮かんだ。

議論のなかで感じたことは、彼らがいかに周囲に配慮し、空気を壊さないように生きているかということだ。その認識は、ある中高一貫校での講演を経てより一層深くなった。そこでの講演が、この本をつくっていただく直接的なきっかけになっている。

同じ講演と言っても、普段相手にしている大学生や大人と中高生は大きく違う。中学生や高校生に「社会運動」と言っても、せいぜいかつての私のように、自分とはまったく異世界のこととして捉えるか、気持ち悪がるか、寝るかのどれかだろう。どうしよう?と思いつつ、講演の内容については前日まで放置していた。ゴールデンウィーク明けの2018年5月初旬、ウィーンで講演をした後、成田行の飛行機のなかで準備を進めながら、さてどうやって伝えたもんかと首をひねった（中高生はわからないかもしれないが、年寄りはこういうとき首をひねる）。

果たして、中学生や高校生に、どう言えば「社会運動」が身近に感じられるか。そもそも私たちは、なぜ「社会運動」が苦手なのか……。そんなことを考えながらぼんやりしていると、ふと寒くなってきて、毛布をもう一枚お願いするよう頼むかどうかで逡巡していた。

寒いので、毛布をお願いしたい。しかし、それは「わがまま」と思われてしまうかもしれない――そうか、「わがまま」か。寒いのだから暖かくなりたいのは当たり前で、そういう自分の権利（この場合、消費者としての権利なので、すこし社会運動が希求しているものとは違うかもしれないが）をなぜ言いにくいかというと、「わがまま」に見られてしまうからか。みんな一枚の毛布でがまんしているのに、「ずるい」と思われないかも不安だ。

「わがまま」をキーワードに、「わがまま」を言うこと、「わがまま」だと思うことへの抵抗をなくそう、「わがまま」のように見えても、人に共感されて、共有することで社会の歪みを明らかにできるんじゃないか、それが社会運動の芽になるんじゃないか。そういう言葉であれば、もしかしたら10代の人々にも通じるかもしれない。成田空港の手荷物受取所で、一睡もせずつくったパワーポイントのファイルを、友人に送ってチェックしてもらう。「いいじゃん」というお墨付きをもらい、講演に向かった。

講演は思いの外盛り上がった。社会運動への忌避感に加え、みんな何がしか政治や社会に対して関心を持ちたいが、どう関心を持てばいいかわからないと話していたのが印象的だった。社会運動も、政治も、社会も遠いのだ。

大学生たちと私は、研究室やゼミ教室で、少年誌のお色気ネタに「いいのか？」と突っ込んだり、女性誌のセックス特集はアリなのかナシなのかと話したりする。そうした対話も十分に政治的、社会的な要素を持つはずだが、中高生の目にそれはおそらく「政治」や「社会」とは映らない。あくまで政治も社会も、彼らにとっては教科書に書かれたゴシック体で、テスト勉強のために暗記するものであり、生活からは「遠い」ものなのだ。だが、遠いなりに関心を持ちたいと感じている。

何か手はないか、と思ったところに、左右社の守屋佳奈子さんから、この本を執筆しないかというご依頼があった。講演の内容を軸に、守屋さんとの対話を重ね、この本をつくり上げていった。

どの具体例をあげても、どの表現を選んでも、すべてにおいて公正などというものはなく、だれかを傷つける可能性がある。そのなかで葛藤しながら、一つひとつの言葉を選んだ。この本をつくり上げる過程が、すでに社会運動であったと思う。

この本を執筆するに当たり、多くの方にお世話になりました。

暮らしや生活を通じて政治的なことを考えることのなまなましい難しさを一緒に乗り越えたり、やり過ごしたりしてきた富永かおるさんと武田俊輔さんに、まずはお礼をさせてください。

研究・教育において多くの機会をいただいた立命館大学産業社会学部の先生方と、社会学者の観点から原稿をチェックしてくださった金澤悠介先生にお礼申し上げます。

加野佑弥さん、立命館宇治高等学校の杉浦真理先生、奈良県立登美ヶ丘高校の加野幸宏先生、桐光学園中学・高等学校の牛久保孝充先生、江本大輔先生、田村貴也さん、原竜也さん、小泉拓也さん、佐々実優さん、廣居史也さん、本玉亘さんには、中学生、高校生の方々と議論するための貴重な機会をいただきました。また変革のアソシエ「社会運動の組織論」受講生のみなさん、慶應義塾大学自由研究セミナー受講生のみなさん、立命館大学産業社会学部　国際社会入門受講生のみなさん、とくに松山泰斗さん、小川夏織さん、松谷萌依さん、辛芽美さん、林綾乃さんには、この本をつくるためのアイディアやヒントをたくさんいただきました。

藁にもすがる思いで成田から連絡した友人のO君が、この仕事への扉を開いてくれました。若者と年長者の間を埋める言葉を一緒に探し続けてくださった山田拓郎さん、リバイズにリバイズを重ねてもなお原稿をチェックしてくださった豊田紳さんとの三人でのミーティングは、ずっと楽しい私の宝物です。何より、一年近くもの間、東京のさまざまなカフェで対話を重ね、辛抱強く話を聞き取ってくださった守屋佳奈子さんに心よりの御礼を申し上げます。

最後に、この本が、2年前に出会った彼女に届くことを祈ります。

富永京子

本書に出てくる読みもの一覧

2時間目

・「誰がデモに参加するのか？」
朝岡誠　田辺俊介編著『民主主義の「危機」
——国際比較調査からみる市民意識』２０１４年、勁草書房

・「社会運動を許容する政治文化の可能性」
山本英弘『山形大学紀要（社会科学）第47巻第2号別刷』
２０１７年２月

・『日本人の考え方 世界の人の考え方
——世界価値観調査から見えるもの』
池田謙一編著　２０１６年、勁草書房

・『鈴木先生』
武富健治　２００６年〜２０１２年、双葉社

・『「ボランティア」の誕生と終焉
——〈贈与のパラドックス〉の知識社会学』
仁平典宏　２０１１年、名古屋大学出版会

・『政治を語るフレーム
——乖離する有権者、政治家、メディア』
稲増一憲　２０１５年、東京大学出版会

・『集合行為論——公共財と集団理論』
マンサー・オルソン
依田博・森脇俊雅訳　１９９６年、ミネルヴァ書房

・「社会運動の参加／不参加選択を
めぐる意味構築」
伊藤奈緒『社会学評論』２００６年56巻４号

・『弟の夫』田亀源五郎　２０１５〜２０１７年、双葉社

・『ツヨシしっかりしなさい』
永松潔　１９８６年〜１９９０年、講談社

3時間目

・『レッド』山本直樹　２００７〜２０１４年、講談社

・『ツイッターと催涙ガス——
ネット時代の政治運動における強さと脆さ』
ゼイナップ・トゥフェックチー
毛利嘉孝監修、中林敦子訳　２０１８年、Pヴァイン

・『イデオロギーとユートピア』
カール・マンハイム
高橋徹・徳永恂訳　２００６年、中公クラシックス

・『スティグマの社会学
——烙印を押されたアイデンティティ』
アーヴィング・ゴッフマン
石黒毅訳　２００１年（改訂版）、せりか書房

・『ギャングース』
漫画：肥谷圭介、
ストーリー共同制作：鈴木大介
２０１３〜２０１７年、講談社

BIBLIOGRAPHY

・『ハマータウンの野郎ども
——学校への反抗・労働への順応』
ポール・ウィリス
熊沢誠・山田潤訳 1996年、ちくま学芸文庫

4時間目

・『踊ってはいけない国で、踊り続けるために
——風営法問題と社会の変え方』
磯部涼編著 2013年、河出書房新社

・『「共生」の都市社会学
——下北沢再開発問題のなかで考える』
三浦倫平 2016年、新曜社

・『日本のZINEについて知ってることすべて
——同人誌、ミニコミ、リトルプレス
自主制作出版史1960〜2010年代』
ばるぼら・野中モモ 2017年、誠文堂新光社

・『社会運動のサブカルチャー化
——G8サミット抗議行動の経験分析』
富永京子 2016年、せりか書房

・『OLたちの〈レジスタンス〉
——サラリーマンとOLのパワーゲーム』
小笠原祐子 1998年、中公新書

・『実践 日々のアナキズム
——世界に抗う土着の秩序の作り方』
ジェームズ・C・スコット
清水展・日下渉・中溝和弥訳 2017年、岩波書店

・『社会運動と若者
——日常と出来事を往還する政治』
富永京子 2017年、ナカニシヤ出版

・“‘Anger is Why We're All Here’:
Mobilizing and Managing Emotions in a
Professional Activist Organization”
Kathleen Rodgers *Social Movement Studies*, 2010

5時間目

・『原発事故と「食」
——市場・コミュニケーション・差別』
五十嵐泰正 2018年、中公新書

・『HIV/AIDSをめぐる
集合行為の社会学』
本郷正武 2007年、ミネルヴァ書房

・『ロックフェスの社会学——
個人化社会における祝祭をめぐって』
永井純一 2016年、ミネルヴァ書房

・『ロッキング・オンの時代』
橘川幸夫 2016年、晶文社

「わがまま」入門ブックリスト

『N女の研究』

中村安希　2016年、フィルムアート社

「N女」とはNPOで働く女性たちのこと。「いいこと」や「わがまま」を仕事にする女性たちのインタビュー集。特別な生き方のように思えるが、ごく普通に社会と関わり、問題意識を持ち、悩む人たちの姿が描かれている。「わがまま」を仕事にしたい人だけでなく、男女問わずおすすめです。

『デモいこ！——声をあげれば世界が変わる　街を歩けば社会が見える』

TwitNoNukes 編著　2011年、河出書房新社

デモの情報をどうやって得ればいいのか、参加の仕方や持っていくといい物、はじめて参加した人の感想などが非常にわかりやすく、親しみやすいかたちで綴られている。デザインがかわいいブックレットで、ファッション雑誌やムックのような感じで読むことができます。

『風俗嬢の見えない孤立』

角間惇一郎　2017年、光文社新書

「風俗嬢」にどんなイメージを持つでしょう。触れてはいけない仕事にも見えるし、お金に困っていないようにも見えますが、その実情は想像しているものとはまったく異なります。風俗嬢の社会復帰支援という活動をしながら、「スティグマ」の裏に隠された生活の実態を明らかにする本。

『0円で生きる——小さくても豊かな経済の作り方』

鶴見済　2017年、新潮社

「自分でつくる」タイプの「わがまま」がたくさん紹介されています。ちょっとケチくさい節約生活の本かと思いきや、とてもクリエイティブで豊かな生活の仕方がおもしろく語られています。お金を使わない生活をすることで、逆説的にお金にまつわる社会の問題点が見えてくる興味深い本。

BOOK LIST

『当事者主権』

中西正司・上野千鶴子　２００３年、岩波新書

5時間目で行った「よそ者」と「当事者」の話に大きく関連する。当事者の視点から社会の問題を捉えることで、特定の人々が抱えている問題が、じつは社会全体の課題なのだとよくわかる。社会運動が歴史的に何を達成してきたか、社会運動をする意味について知りたい人にもおすすめ。

『そろそろ「社会運動」の話をしよう』

田中優子・法政大学社会学部「社会を変えるための実践論」講座編著　２０１９年（改訂新版）、明石書店

法政大学での講座が元になった本。講師の体験談なども多く、気軽に読めます。社会運動に対して抵抗がある人、やってみたい人、やっている最中の人、すべての段階に応じて役に立つ「実践論」。扱われる社会運動も、ブラックバイトや保育園の民営化問題など身近なものが多いのもいいところ。

『生きづらい明治社会――不安と競争の時代』

松沢裕作　２０１８年、岩波ジュニア新書

「生きづらさ」をキーワードに明治社会と現代社会を重ね合わせる。勤勉や倹約という、社会で「いい」とされる価値観が、いわゆる「自己責任論」に近いものをつくり上げたという議論は、現代社会にも通じるところがあります。時間の流れのなかで「わがまま」批判を捉えることができる一冊。

『社会運動の社会学』

大畑裕嗣・道場親信・樋口直人・成元哲編　２００４年、有斐閣選書

本書でも紹介した「新しい社会運動論」や「資源動員論」など、社会運動を分析するための代表的な理論が、いろいろな社会運動の事例とともに紹介されています。社会運動の研究というと狭いように感じるかもしれませんが、家族や学校などいろいろな社会集団に適用できる組織論だと思います。

富永 京子 とみなが・きょうこ

1986年生まれ。
立命館大学産業社会学部准教授、
シノドス国際社会動向研究所理事。
専攻は社会運動論・国際社会学。
東京大学大学院人文社会系研究科修士課程・博士課程修了後、
日本学術振興会特別研究員（PD）を経て、2015年より現職。
著書に『社会運動と若者』『社会運動のサブカルチャー化』がある。

みんなの「わがまま」入門《にゅうもん》

2019年4月30日　第一刷発行

著　者　富永京子

発行者　小柳学
発行所　株式会社左右社
〒150-0002
東京都渋谷区渋谷2-7-6-502
TEL：03-3486-6583
FAX：03-3486-6584
http://www.sayusha.com

装　幀　寄藤文平＋古屋郁美（文平銀座）
印　刷　創栄図書印刷株式会社

ISBN978-4-86528-230-6